美人画報ハイパー

beauty magazine hyper

anno moyoco*

安野モヨコ

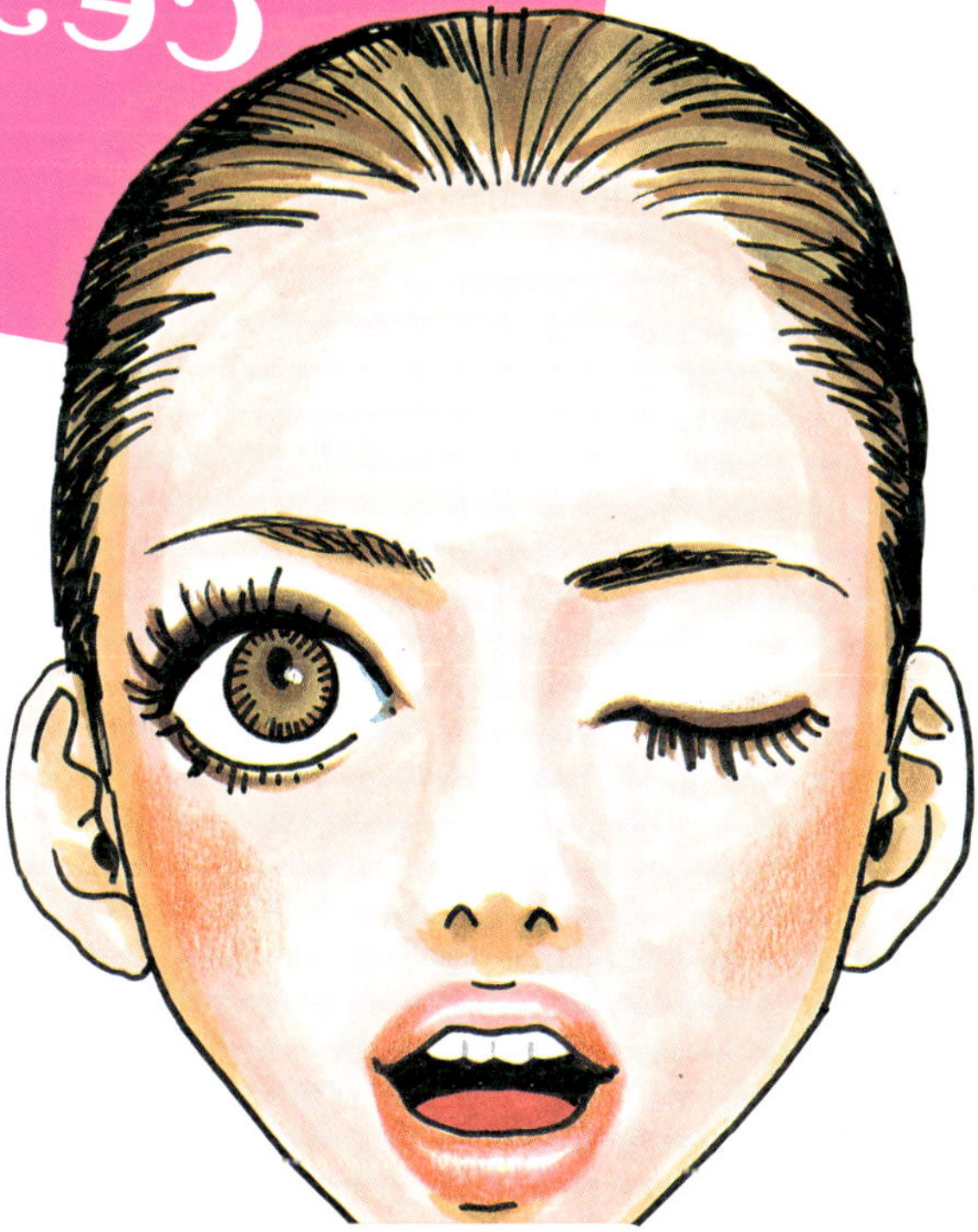

JN270510

講談社

美容の道は女道！
ついに発見か!!
キレイへの最短距離!?

『美人画報』の連載をしていく中で、あまりにもずっと自分がかわらないのは**カンバンにいつわりあり**※1、と言うか太ったエステティシャンにやせる指導を受けるようなモノなのではないか……。と思い始めたのは、1冊目の本が出た頃でしょうか。

　それまでは、何となく腰が引けてました。正直に言いますと、なんかハズかしかったの!!

「キレーになりたいの……でも頑張ったケドやっぱ無理さ。だってアタシ漫画家なんだモン」ぐらいのぬるさが、自分にも周りにも読者のみなさんにも言い訳が立つスタンス。

　でも、それも限界があったんですね。いろんなことしたけど、結局かわんねーや、アハ

※1 カンバンにいつわり有り
どっかのHPに「安野モヨコが殺されても"美人マンガ家殺される"という見出しにはならないだろう」というよーなことが書いてあったが大きなおせ話だよ
ほっとけ!!

※2 連載3年以上。
と言っても前半はさほど美女とかに走っていない。「美」全般についての内容が多いかも。
美人画報
まだの方は是非。

ハ。って、そんな**連載3年以上**[※2]やってどうする!!

　ここは、本気で美女というモノを目指してみっか。とハラをくくったのです。

まずはじめに私がやったことは、**自分をブスと思わなくする**[※3]。もちろん口でも言わない。どんなに事実がそうでも絶対に。

　もしかして、これが最大かつ最強の方法かもしれないんですが、自分の中ではあんまし変わんねーなー……ぐらいの時点でも周りから「キレーになった」と言われるようになります。

　そうすると**不思議なモノで**[※4]「そっか……キレーになったのか」と自分でも思い始める。美の芽生えです。

　ここで強く主張しないといけないと思うことが、人は「自分でキレイと思ってる人間」に対して意地悪な心を持ちがちというコトの悪。

「**あの子たいしたコトないのに**[※5]自分ではカワイーとか思ってる様子なんだけどー」

「やべぇーーー」「むしろブスなんですけどー」

※3自分をブスと思わなくする。
でもそう思う女子、というのがそもそも少ないのか？ 私は常に思ってた派。(現実的)だけど。

キビしいの。美に。

どーしても絵かきの目で見ちゃうからサ〜

足が太い！

←自分よりは細いのに
完ペキ主義？

※4 不思議なモノで…
飲みに行ニー
？
しかしながら「キレイ」と「モテ」はビミョーにベクトルが違うので調整しつつ進まないと「キレイなのにモテない女」に。

※5「あの子たいしたコトないのに‥」
こういう事を言ってる人は大抵かわいくナイです。
ところで女子の歩きタバコは本当に醜悪。かっこいいと思ってるのか?! 絶対にやめた方がいいと思うけど
まーこういう絵かいてちゃあたしもダメなんですけどね
服は「モテない系おシャレ」地味だけど高くてモテにくい。

そんな会話したことないですか？　あたしはある。あるからこそ、自分が[※6]**自分のことを**美しいとか、カワイイと思うのに抵抗があった。

生まれつきの美人は、ここでは別モノです。生まれつきの美醜《びしゅう》は、むしろ関係ないんだもん。

自分だけでも自分を美しいと思う。それが一番大切で、主観が客観を左右するのです。左右、というより創造するぐらいのハナシかも。そー思うことによって、意識が変わるし、意識が変わると顔も変わる。

もう、本当に正直に言いましょう。私は、自分でも変わったと思います。読者のみなさんからも、たくさんメールや手紙をもらいました。本当に変わった。とか[※7]**整形したの**？　というのが山のように来ました。

整形説が流れて、ヒザかっくん!!　という気持ちにもなったし、意地悪く言う人もいて哀しかったけど、そんだけ変わったってこと？　と思って、最終的には落ちつきました。ていうか、よく考えたら整形も悪くないんだけどね。本当に整形してたら、二重アゴとかもーちょっと何とかしたっつーの!!

* Specially written for this *

他にも、いろいろ何とかしたっつーの!!

で、この時学んだことはですね、そうやって、他人のキレイを許せない限りは、ブスのままであるということです。

もー自分がキレイな人であるということを自分でOK出すの。

他の人に、ブスとか整形とか言ってるヒマがあったら、自分の美を積み立てるほうがいいじゃん。

今の時点で、「そんなこと言って、前とくらべてマシになったかもしらんが、お前はまだまだブスなんじゃ!!」と言う声も聞こえます。自分の中にもそういう気持ちはあります（なるべく抑えるんだけど!）。

でも、そんな気持ちに親切にも耳を貸してやる必要はなく、当然外からの声にも耳は貸す必要なし。

結局、自分自身がどれだけ自分の美を許すか、じゃないのか。

そして、毎日自分の美を大切に育てて行って、巨大化したらそれで良いではないですか。

あんまりイイ話じゃないけど、私がそう思っ

※6 自分のことを……
だっておかしいじゃん!
わはは
かがみ

※7 整形したの？ ←イキナリこーゆうメールとか来る。
ヒアルロン注射はしたけどね。堂々と記事にもしてるし!

しかしメールって暴力だね。一方的に言いたい事言えるし。

失礼な人山ほどいるよ。

もーヤダよ～

※8　キレイな人を目指して
なぜ人はキレイを目指すのか。
でもキレイな方が女は生きやすいんだよね。
超仕事できてもブス（しかもセンスもよい）
女の友人も多い（ハハゼツ）
VS
仕事できなくても美人でかわいく
女子力が高ければ
女の友人も少ないし
得することが多い
しかし最終的にどっちが幸せかっつーと….。
やっぱキレイな方なんじゃナイかと。まーケースバイケースなんだけど。

た瞬間つーのがあって、知り合いでまあ美人な子がいるんですが、すぐに人のことを「ブス」とか「不細工《ぶさいく》のくせに」って言うの。それ聞くたびに「おー……あたしも言われてんだろうなー」と思う。

そして、同時にその人の心の醜《みにく》さとかをもったいねぇって思う。ブスでも心が美しい、とは思わない。心は顔に出るから。

でも、顔が整っててもキレイじゃない人っていうのはいるんですよ。だから私は、美人じゃなくてもキレイな人、というのになりたいと思います。それは最強なんだよね。多分。で、もうそーなると空気、とか存在がキレイな人だから、際限もないからいくらでも進んで行ける。美の無限大は、宇宙的広がりを見せて……「めぐりあい宇宙《そら》」？　本当に今の気持ちはそんなとこです。

それでも、何日か仕事がハードに続いたりすると、やっぱりくすんだ顔になったり、むくんだりしてきて「う……ブス」って思ったりするんだけど、そこでグッとこらえてニッコリ笑うの。もうキャンディ・キャンディよ！

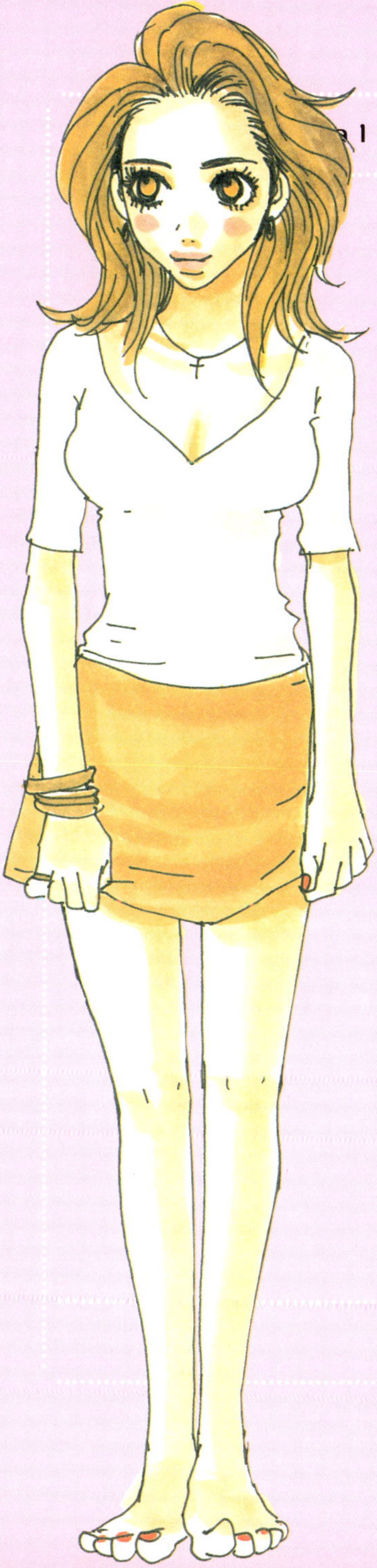

笑って笑って笑ってキャンディ～♪♪なのよ!!

ブスですごしてもキレイですごしても、人生は同じ時間すぎて行く。だったら、キレイなほうがいいに決まってるんだから。

今日も私は机に向かう。でも鏡にも向かう。

そして自分にキレイだって言う。化粧品やダイエットはそのあとにやることで、効果が出るかどうかも気持ち次第。

[※8]**キレイな人を目指して**今日も行く。いや「目指し」ちゃダメだ。目指すってことは今の自分はキレイじゃない、と肯定することになるから。

いろんな意見もあると思うけど
あたしはやっぱ愛してくれる人に
「カワイイ」とか「キレイ」って思われ
続けたいのが美容のモチベーションに、なっているのだった‥。
「キレイなのに愛されない」のは 自己満足のみを追求した美だからだと思うんだけど…。

キレイな人への最短かつ最速の道は、自分のキレイを肯定することだったのです。
そして他人のキレイもね!! 今キャンディ風にウインクしてるイメージ!!

見てください! 美しい安野モヨコ先生の姿。「美は一日にして成らず」まさにその言葉どーり、積み重ねの日々を過ごされてきた結果ですよ、みなさん!!! さぁ続きを読んでキレイになりましょー。

* index *

* index *

Fashion Make up

ファッション ＊ メイク

恐怖と痛みの山を越えた
その向こう、
そこにあるのは？
美の楽園はどこにある!?

毎月ＶＯＣＥが送られて来るたびに[※1]思う。「ああ……これをスミズミまできちんと読んで可能な限りに実行してる人っていんのかなー？」そんな風に考えたことはないですか？　しかし、あまりの情報量の多さに脳が処理しきれず、結果的には何もやらずじまいに……。

　そんな私がそれでも!!　と今までＶＯＣＥに載ってたことで実行したことを今回はレポートします。

　題して「**ＶＯＣＥの記事**[※2]、実際どーなのよ!?」。おう、まるでケンカ売ってるみたい。しかし、実際どーなんだ。

　まず、ここ最近のとこでは「**プラセンタ注射**[※3]」。ええ。新宿の「タカナシクリニック」にて。

モヨコのギャルギャル
KEYWORDS
痛
※1 毎月VOCEが送られて来る度に…
フーかもっとちゃんと読もうよ!!と自分ヘツッコミ…
すまん。化粧品の種類とか多すぎて
覚えられねー…んだ!!
1ヶ月読まないと
おいてかれるよ〜
VOCE

これはプラセンタをツボに注射する、というおそろしくダイレクトなもので、打ってくれるのは中国人の美人女医さん。痛みはあまりありません。まーハリ治療を受けたことのある人ならおわかりと思いますが、ツボにキュウッと入る感じです。

効果のほうはと言うと肩こりとかはスッキリです。

でも、私その前に、もうずっとプラセンタドリンクを飲み続けていて、体内プラセンタ濃度は、かなり高い状態。だったせいもあって、今ひとつ「おお!!」というほどの体感効果は得られませんでした。

でも、プラセンタ自体はかなり効果のあるモノなので多分ドリンク飲んでなければ目を見張る効果があったことだろ

※2「VOCEの記事〜」
他に私の周りで注目度高かったのは「直腸洗浄」
ちょっとやってみたい。
体重も落ちるがウエストも細くなるという…どうなんだ???
自分の腸の中を見れるってーのも…見なくていいって気もするが。
※3 プラセンタ注射
これはそんな痛くない!
アタマとかにも打ったりする。
ここのツボが顔に効くらしい
首
これもVOCEで話題になってたよネ
※4 青山ヒフ科クリニック
待合室がカワイイ。受付の人もカワイイ。
かんじゃさんも金もちそうなおねーさんボタい。かんごふサンもかわいい。
ソファは赤とピンクで統一…。
最近行ってない…。また予約しないと。
いつもキャンセルしててスミマセン…。

プラセンタドリンクは今もって愛飲中。ないと困る。
「ビタエックスG.O.」という商品で1本1500円。注射は、今はもう行ってません。

う。何事も、やりゃーいいってもんじゃないですね。チカラワザ使いすぎて逆効果。モヨコ反省。

そして、お肌方面では、ここしばらく「**青山ヒフ科クリニック**」[※4]にも通院中。ここもVOCEをはじめとする女性誌で有名。繁盛《はんじょう》しすぎたせいか、今年の6月頃先生入院してたし。

ここでは、**ビタミンCの化粧水**[※5]を出してもらって毛穴をひきしめ、ビタミンAローションで顔自体をひきしめる、という「ローション攻撃」プラス「ケミカル・ピーリング」を何回かやりました。

エステと病院が併設されているので、なにかとても安心感が……。ここでは、レーザーピーリングにもチャレンジしようとする私。

一度足を踏み入れると、とめどなく美への欲望がうずまく宮殿……。今年になって歯科もできたので、次は歯のホワイトニングか!! という感じ。

しかし、ビキニラインのレーザー脱毛は痛い。やはり美に痛みはつきものなのか……。実際のところ、男子は、あまりにビキニラインがキレイに整いすぎても、かえって玄人《くろうと》を感じてひいてしまったり、単純に生えっぱなしのほうがイイ、という意見が多いらしいのですが。ワキ、顔のうぶ毛、などを脱毛していきますと最終的に「もっと毛を脱けるとこはないのか!?」という謎の探求心にかられてしまい、ちょっと暴走です。

やー、なんかアレだね。こういう道って、歩きはじめるとキリがないものでね。今まで気にならなかったところが気になりだし。そして、ツイに今回VOCEの記事でやってみたいモノのひとつだった「**ヒアルロン酸注射**[※6]」に挑戦です。キャー!! そしてこれもまた「タカナシクリニック」なのよー!! 先生ー! 興奮して叫びだすほどのやってみたさ。

実は、9月号のVOCEで胸にヒアルロン酸注射を打ってデカく!! という記事を読んで夢中になっていた私……。豊胸《ほうきょう》手術はコワいけど……一度でいいから「巨乳」というモノになってみたいと願い続けてはや10年。しかも、ダイエット成功して（この話はあとで!!）7キロやせたら当然胸は消失。太ってる時は「やせたい」と願い、やせたら「胸が欲しい」と願う。ああ人間の欲望の限りなさよ……。

ところが胸の「ヒアルロン酸注射」ができるのは来年の3月からという話。そこで、なぜか顔に打つことに!! そーです、うわさのバーチャ整形です。

ワーオ。自分でもビックリ。先生によると日本女性は**アゴのライン**[※7]がひっ

今は、エステで買っている「αウォーター」という化粧水を、紙のパックに染みこませたパックが
自分の中で大流行中。朝晩やっています。毛穴もひきしまって超いいっス。
普通の「美肌水」とかでもいいのかも……。化粧水は安いやつをおしげもなく使うのがやっぱいい。

※5 ビタミンCの化粧水～
冷ぞーこで保存。
毛穴が開いて
テカりまくりのアブラ症
に効く!!
エステでも
イオン導入
してくれる。
顔が白く
サラサラに
なります。
ちょっとピリピリするぞ…
レーザーピーリングはレーザーで毛穴やニキビ跡、シミを消してしまうとゆーモノ
ちょっと痛いけどてっとり早い
今年の秋冬の濃い赤口紅を使うためにも美白を!!!

こんでる人が多いので、少し足すだけでシャープな印象になる、とのこと。

私も、顔デカイのに足すなんてもってのほか!! と思ったけど**鼻のラインとアゴ**[※8]に打ってもらいました。

でも、みんな!! ハッキリ言って泣くよ。泣くほど痛いよ!! いや痛みに強いと思ってても痛いよ!!

ただしー、ハナすじ通るしアゴもスッキリ! 他人から見たら「メイクすごく上手になった?」とか「なんかキレイになった?」という程度にホドよく変わります。半年で吸収されちゃうからもとにもどるし。

あたしも次の日、親友に「なんかキレー度アップした!!」と言われて鼻たかだか! (文字どーり高くなってますが)

ただ痛い! 痛みが勝つか、美へのしゅーちゃくしんが勝つか、それはキミ次第!!

※6 ヒアルロン酸注射
化粧水などの成分なのでヒフに吸収されてもいい！というすてきな注射。胸は2カップUPするらしーよ!!
顔はたてのラインで変わるんです!!
アルマーニ↓
すいません。男前に描きすぎました。タカナシ先生
※7 アゴのライン
自分を見てみるとたしかにアゴがひっこんでいる。
コレがいわゆる美人ライン
アゴがひっぱられると顔全体細く!!
※8 鼻のラインとアゴ（あとはおでこにbotox!!）
↑うわくちびる
ボトックスとは「ボツリヌス菌」の注射。筋肉が動かなくなるのでシワが無くなるのです。
ぐぐっ
みけんにシワをよせられない!!
ちょっと表情がかたい人になるかも。
↑こんなふーに打つところに印を書かれます。先住民族のイレズミのようでかっこよい。
大げさだけど…ハナが高くなって
アゴがひっぱられると
カオが真ん中に向かって高くなるので細くなる。
「素人じゃない美人」を目指すなら試す価値あり!! でもホントに痛いよ〜。マスカラとれるほど泣きました…。ハナは特に痛い!!!

しかしあたしもここまできたか……（遠い目）。では!!

2000.11

「ボトックス」は、ちょっと我ながらブキミだったので、
（見た目はイイんだけど、顔動かせないのって、なんかこわいよね）
なので1回キリ。ヒアルロン酸注射はこの後1回行った。

* column *

モヨコの お買い物日記

突然思い立って
紀尾井町のD&Gに…。
移動中だったので タイムリミットは1時間。 試着開始!!

ピンクにゴールドのフチどり
↑
この色のとりあわせが大スキ..

超プレーンな
ストレッチTシャツ
とても便利そう。
←買わなかったけど…。

お花モチーフのワンピとか
フューシャピンクのパンツも
カワイかったのだが…。

D&Gの体にフィットする
ニットがスキ♡

白いシャツと
合わせて着るの♡

トップはプレーンに
してクールなかんじに。

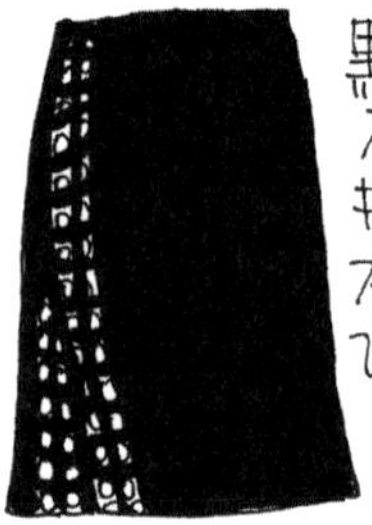

黒レザーに
スタッズが
打ってある
スカートに
ひと目ボレ

黒レザーのタイトを一体
何着持っているのか…

という程 多く買ってしまう
アイテムです。

ストローのバッグも
欲しかった。「バカンス娘」になるために。

2000.3

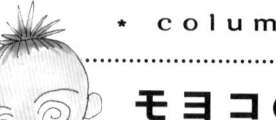

砂漠化お肌に緊急提言!
「ちりめんジワ撲滅計画」
オアシスはデパートに?
それとも毎日のケアに?

シュワシュワ……ああ聞こえる。シュワー……そう、お肌の水分がどんどん蒸発していく音が。さあ、今年も例の問題にねじりハチまきで取り組む季節がやって参りました!!

例の問題とは……もうお解りですね! 「**The保湿**」[※1]。どーすんの! この乾燥。

この前の締め切りの時なんて、「ちりめんジワ」について語り合っているウチにいつのまにか原稿があがっていた、という感じ。

原稿を持った編集サンを見送るや否《いな》や、シブヤ西武とセフォラへ駆け出す私とアシちゃん(共に29歳)。

暖房つけて乾燥しきった空気……ストレス……もともと乾燥しやすい目のまわりには、無数のちりめんジワが刻まれて、オイリーなTゾーンは、これでもかというくらい毛穴が開いて、夏以上に脂浮き。

もう最悪のコンビネーション・スキンの私。

毎日のよーにパックして[※2]水分補給しているのになんで!?

モヨコのギャルギャル
KEYWORDS
The 保湿
※1 保湿 1年中で1番乾燥しているこの季節。プラスエアコンで乾きっぱなし。
一番効くのは「ぬるる」より水を飲む」ってハナシだけど…。
乾燥分布図
サバンナ気候
砂漠気候
亜熱帯気候
※2 毎日のよーにパックして
でもコレは効いた
CLARINS Masque Anti-Soif
イドラバランスマスク
クラランスのはあまり使ったことないんだけど顔がちぢまった気が…。
※3 背中に
予想図
VOCE
保湿一番
美白一番
美
美肌街道暴走

教えてくれ!!

そんな思いを胸にシブヤ西武へ到着。目的は水分補給といえばの「ビオテルム」。**背中に**[※3]**「保湿一番」**、腕には「美肌街道暴走一家」と刺しゅうの入ったツナギを着て、バイクでカウンターにつっこんだら、モチロン買うのは**「イドラ・デトックス」**[※4]のライン。そのままエンジンをうならせてセフォラへぶっとばすと、入り口から続くメイクコーナーをなぎ倒して奥のスキンケアコーナーへ激突。**セフォラ**[※5]**の売り上げランキングベスト5**を上からさらっていきます。

まずは、バケツ何十杯分かの水分が凝縮《ぎょうしゅく》されているとゆーうたい文句の堂々第1位、「アクアコラーゲンゲル（ドクターシーラボ）」。

ビオテルムから発売のうすいミドリのジェル状化粧水
アクアスルス ジェル ローションも愛用しました。

※4 イドラ・デトックス
伊勢丹のビオテルム なんてカウンター奥で 水泡がブクブク してて まさに「水分補給しまっせ〜」というかんじ。
BIOTHERM
← 香りもよくて 私は大スキ。愛用中のトリプルローション¥3500はテクスチャーもどちらかと言うと乳液
↑ 仕上げは イドラ・デトックス クリーム ¥6000
デトックス アイも いいよ

次は、これもうすでにおなじみの、プラセンタ研究所から出ているクリーム（名前忘れた）。

ついでに「水溶性プラセンタエキス原液」と「ヒアルロン・エラスチン・コラーゲン原液」も今さらながら購入（ごめん、遅くて）。これだけあればいいだろ〜。とひと安心して家に帰ってさっそくケア。

メイクを落として洗顔して……「イドラ・デトックス」はキットで買ったので、全部使えるのはいいんだけど……けっこういつもキットで買っちゃうと、どれが本当に効いたのかわかんなくて困るんだよな〜。

今回も、どれが効いたのかはよくわかりませんが、次の朝たしかに少しいつもよりはマシな気がしました。

次の日は「アクアコラーゲンゲル」

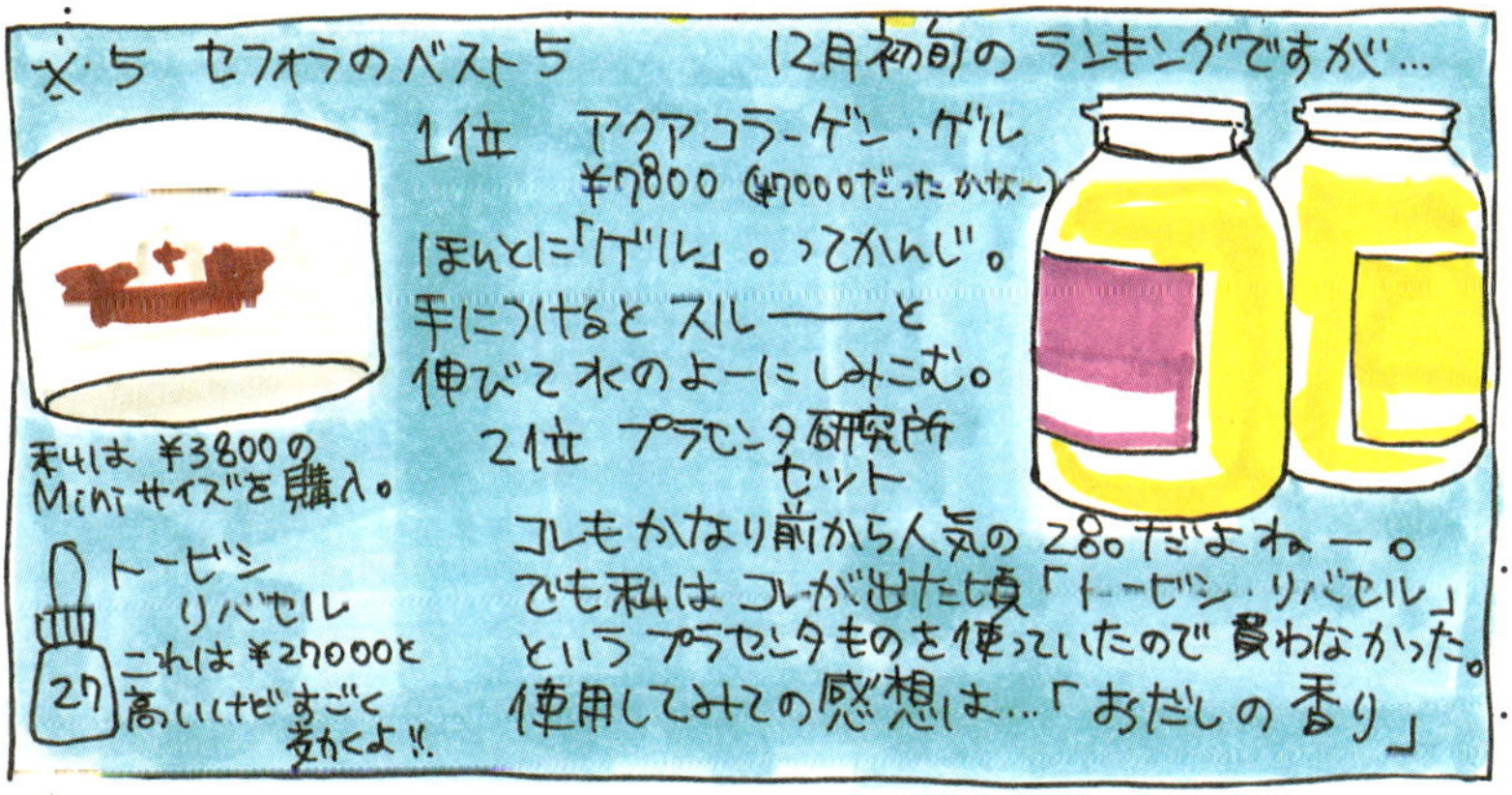
※5 セフォラのベスト5
12月初旬のランキングですが…

1位 アクアコラーゲン・ゲル ¥7800（¥7000だったかな〜）

ほんとに「ゲル」。ってかんじ。手につけるとスルーーと伸びて水のよーにしみこむ。

私は¥3800のMiniサイズを購入。

2位 プラセンタ研究所セット
コレもかなり前から人気の28。だよねー。でも私はコレが出た頃「トービシ・リバセル」というプラセンタものを使っていたので買わなかった。使用してみての感想は…「おだしの香り」

トービシ リバセル これは¥27000と高いけどすごく効くよ!!

27

セフォラは渋谷と原宿どっちも行く。この前、プラセンタ研究所の
クレンジングオイルを買ってみました。けっこうスキかも。

をたっぷり使ってみる……。もちろん、洗顔後すぐにプラセンタとヒアルロンの原液をつけて。

しかし、これまた……悪くはないけどそんなに変化ナシ。もーダメなの？　あたしの肌!!

やけになって、またしてもバイクで夜の街を暴走。「どうせもう、ここまで毛穴開いちゃって小ジワで乾燥してたらどーにもなりゃしないのよーーー！　このままババアになっていくのよーーーー！」

しかし、そんなレディースの私に担当のテラジュン（美容班）は真摯《しんし》な瞳でこう言ったのだ。「安野さん、洗顔はどうしてます？」

せ……洗顔？　えーと……あのう。ずっと角質を落とすっていう**AHA**[※6]**とかゆー**、ソニプラで売ってるみどりの石けんで……。

「ダメです!!　乾燥で悩んでるのにがんがんに洗顔し続けるなんて！」

なにーーーーー？　アブラ性だからがっちり皮脂が落ちるヤツを夏から愛用中だったんだけど……。(担)によると、洗いすぎ落としすぎによって、肌が自分を守ろうとさらなる皮脂を呼んでいたのでは、という話。

そして、彼女にすすめられるまま、夜は乳液で[※7]**メイクをていねいに**落とすだけで洗顔せず、朝は軽く洗って……というスタイルにチャレンジ。

でも、小学生でニキビ発生して以来、洗顔第一と教えられて洗い続けてきた私には、ちょっと抵抗が……。なんて言葉は、次の朝消し飛んだ。いーんですよ調子が!! 乳液はなかったので「イドラ・デトックス」のこっくりローションで代用（ゼイタクだが）。そして、毛穴に角栓がたまって「やっぱ洗顔が……」と思った時は**RMKのオイルクレンジング**[※8]でくるくるとマッサージ。毛穴の中にたまった皮脂がザラザラとれて、そのまま流しておわり。

そうなのよ!! 今まで洗いすぎだったのよ！！！ と目からウロコがバサバサと落ちた私。

洗えば洗うほど良い[※9]、と信じて20年。しかしお肌の調子はよくならず。ここへきてやっと原因をつかんだ気がします。首から下の肌はトラブルもなくキレイなのに、顔だけがトラブルだらけなのは洗いすぎだったのでは。

乾燥もコレが原因だったみたいで、スタイルを変えたらどんどん良くなってきています。

乾燥で悩んでる人、もしくは冬に妙なアブラ浮きで悩んでる人、**夜の洗顔**[※10]

【番外】コスメデコルテ AQ クリーム ミリオリティ／¥90000
コレはスゴイっス！ でも、こんなの使っちゃったら他の使えなくなるちゅーねん！

やめてみるとお肌変わるかもよ。あたしはマジで改善されてます。今年で保湿問題とはお別れかも!?（それはそれでちょっと淋しいよーな……）

2001.3

※6 AHAとかも一
←これなやつ
洗いあがりは まさにひと皮 むけたかんじ。夏はすごくよかった
いろんなタイプがあった
なんかカオ白くなった?!
※7 クレンジングをていねいに
いしだあゆみか誰か忘れたけど 1日1本乳液を使ってメイクをおとして超美肌というハナシをきいたことがある。

「安い化粧品」をおしげもなく使うってよく聞くよねー。

1本800円のとか。
※8 RMKのメイクおとし
キャロットオイル配合らしい。やっぱオイルいいね。あたしは断然オイル派。シュウのオイルもやっぱいいね。
※9 洗えば洗う程
思うに私はヒフがうすいんだと…

ツラの皮はあついが
※10 夜の洗顔
でもコレはホント肌質もある。私には合ってたけど…。

洗わないの?!

洗うの?!

人それぞれだからね!!

でもトライしてみる価値あり

意外と「化粧惑星」のオイルクレンジングもよかった。コンビニコスメもあなどれない。そう、ケサランパサランのセブンイレブンで売っているラインのマスカラもすげーですよ。イキナリ、がっつりついて、黒が濃い！ 今もそれ使っています私。

急激に変化していく流行を考える
＝スタンダードを考える
そして行きつく先はアートメイク？

富士山は噴火するのだろうか。そのことが話題になるたび、眉毛のアートメイクを考えずにはいられない私。

だって、そんな非常事態になったら、避難先にアイブロウとか持っていけるかどうかわからない。**その瞬間**[※1]は、おフロとかに入ってるかもしれないし……。

不謹慎《ふきんしん》ながらも「天変地異時におけるメイク事情」について考えると、ファンデがなくとも眉とアイラインさえ入っていれば、この**般若《はんにゃ》のような**[※2]素顔をさらさなくても済むのではないか？　などと思ってしまい、先月からやたらとアートメイクについてやるべきか否かで悩んでいる私ですが、躊躇《ちゅうちょ》する理由はただひとつ。**眉毛には流行がある**[※3]からです。しかも激しく。

5～6年前には、糸のような細眉が大流行しましたが、その5年前には焼きノリのようにぶっとい眉毛が大流行していたことを、みなさんもよーく覚えておいででしょう。

グレーのクレヨンで、ゴシゴシ描いたような太い眉毛とま

あと「直腸洗浄中」もイヤ。

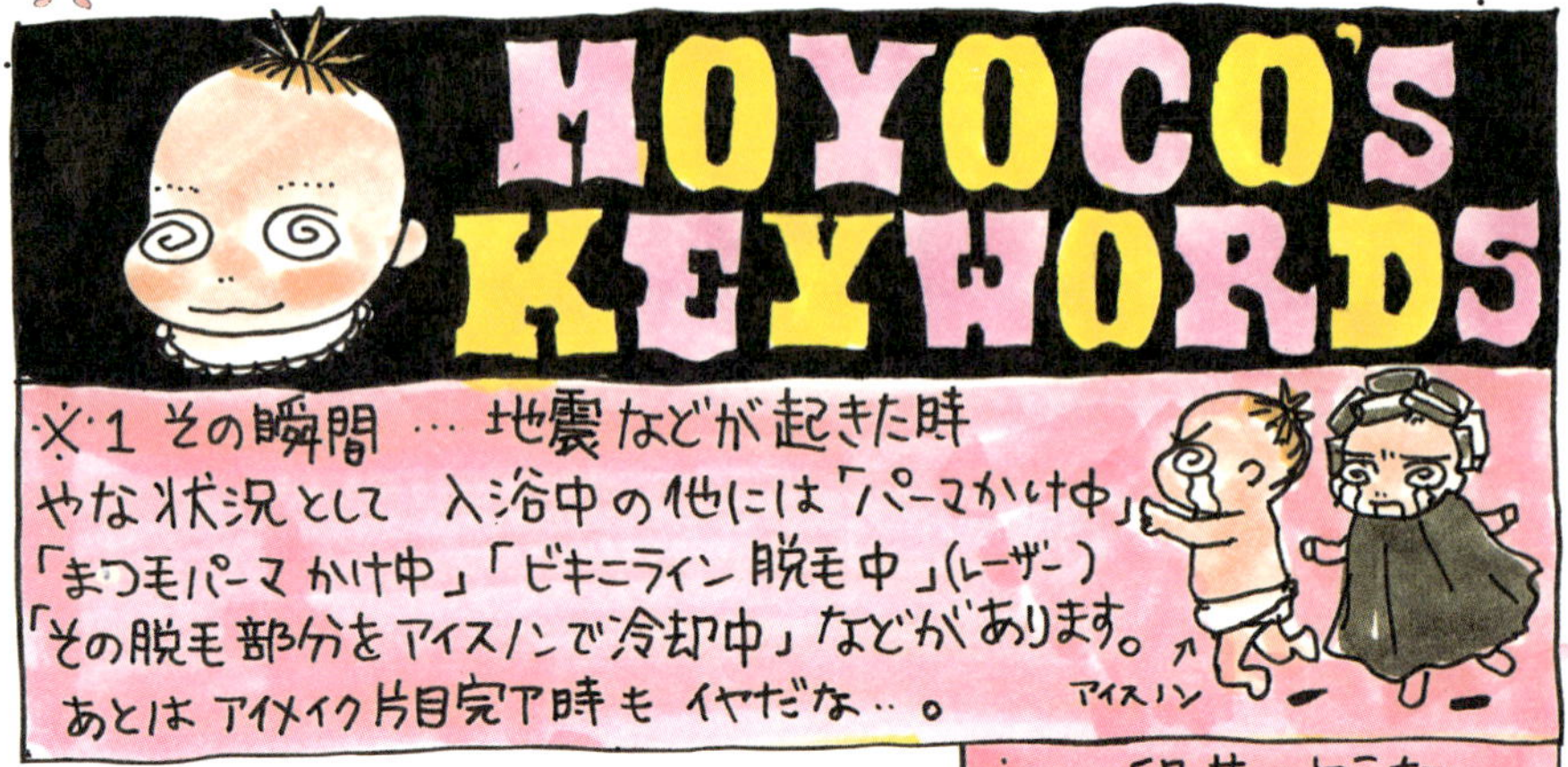

MOYOCO'S KEYWORDS
※1 その瞬間 … 地震などが起きた時
やな状況として 入浴中の他には「パーマかけ中」
「まつもパーマかけ中」「ビキニライン脱毛中」(レーザー)
「その脱毛部分をアイスノンで冷却中」などがあります。
あとはアイメイク片目完了時も イヤだな…。
アイスノン

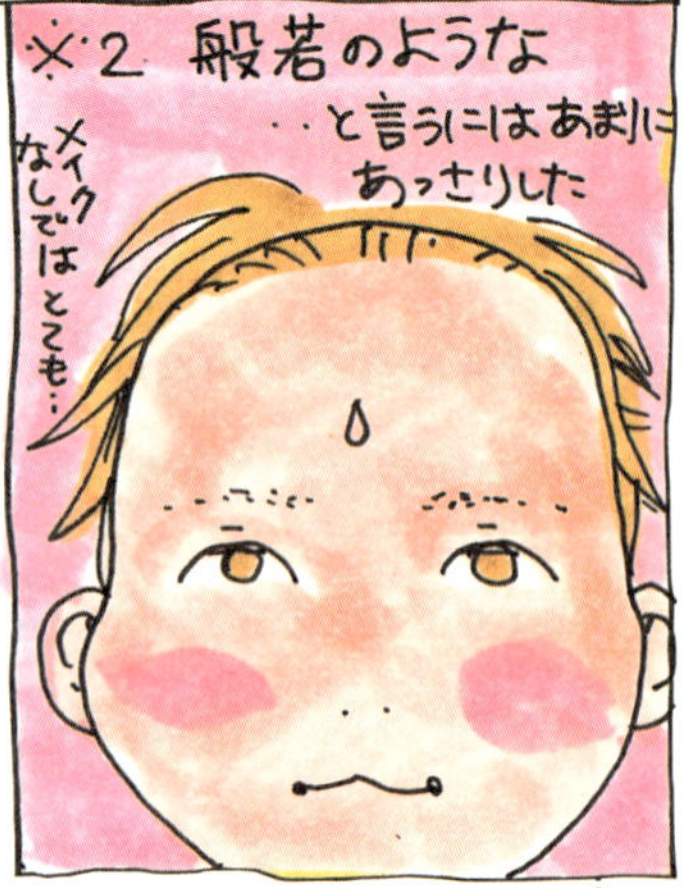

※2 般若のような
…と言うにはあまりにあっさりした
メイクなしではとても…

っ赤な口紅。今考えると、おそろしいことしきりです。

つーことはだ！ ここ2〜3年流行のナチュラルで美しく整えられた眉とて、明日の命はわからないわけです。

私としては、現在型の眉は洗練されているし、「美しい眉の基本型」に限りなく近いように思うのですが……。

でも、そー言ってるそばからすでにもう今年は、**眉ナシつーか薄眉**[※4]がかなり定着しはじめてる模様。

原宿を歩く女子たちの眉が、どんどん薄くなっていく中で「負けないぜ……」と、大人眉を描いて今日も出勤。

しかし、不思議なモノで昨日までうっとり描いていたラインが、なんだか古くさいよーな気がするのは気のせい？

これってアレ？

※3 まゆ毛には流行がある。
昔の写真とか見ると笑いますね。
ナチュラルメイクでもまつ毛はバッチリ
まゆ前でボブ まっくろなまゆ毛
細眉巻髪 モード系ヌードリップ
今ってわりといろんな流行経てフツウに落ちついた？
※4 眉ナシつーか薄眉
ギャル系もミニ系もけっこうみんな。
←ちなみにウチのアシちゃんもアイラインをバッチリマスカラもバッチリでうす眉がカワイイ!!
※5 男ウケ 「男ウケを取る」と本文中で言いつつもスデに薄眉にチェンジしてしまった意思の弱いワタシ…。しかし前髪をフルバングスにすることで解決!!
でも人相学ではミケンを出す方が良いらしい…。

眉毛ブリーチって、もともと眉毛がしっかりある人はカワイイけど、描かないとない人（私）は、できなくて悲しい……。

でも、失敗したとしか思えず、すぐ伸ばす方向へ。伸び途中は、中途ハンパで困ったなー。ピンでとめてリーゼントにしてました。

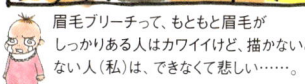

自分が若い頃流行したスタイルのまま年とっちゃってズレてる人とかの入り口？

ちょっと前まで、たまに見かけたウエストマークの太ベルトにジーパンはいて、長そでTシャツの上から腕時計してる人や、去年とかなのに、サングラスをカチューシャにしてる人とか、そーゆうの？

「今年の流行ってどうもなじめなくて……」っていうか、今のスタイルでストップ!! やばい。それはやばい。さりとて眉ナシ。だいたいそれは**男ウケ**※5とかどうなんでしょうか。

日本の男の95%は、本上まなみがスキということから考えても、あまりにもなモードメイクは、ウケが悪い。

眉ナシは、限りなくウケが悪そうだし、男によっては「だっふんだ!!」とか思って萎《な》えること間違いなし。

今年30独身の私としては、ここで眉ナシを取るか、多少流行からハズレるとしても美女眉を取るか悩むワケですよ。20秒くらい。そして男ウケを取ることに即決。だって化粧しているのに女にウケてどーすんだー!! と叫んでいたら、驚くべき事実が明るみに出ました。

なんと女子の大半が、化粧してホメられてうれしいのは同性、とアンケートに答えてるらしい（VOCE調べ）。

女にウケてうれしいの!?　「そのまつ毛カワイー」とか「今日のリップの色いいねー」とか確かに女の子同士でホメあったりはするし、確かにちょっとウレシイさ。

けど、男の場合は、シャドウのニュアンスなんてちっとも気づかないかわりに態度が……反応が変わるではないですか!!

そのほうが、ある意味ダイレクトな手応えだと思うんだけど、違うんですか!!　つーか化粧は、そーゆうもんだと私思ってました。

あとは自分がうれしい、とか。同性のほうが反応ハッキリしてるように見えるけど、それによって私たちが得られるのは優越感のみ。

それだけでいいなんて……わからない。この前来てくれた**アシさん**[※6]**の**「**おやつがバター**」だったのと同じぐらい意味がわからない。関係ないけど。おやつにバターってスゴくない!?　ホントに関係ないけど。

まあそれは置いといて、話をもとにもどしますが、結局**男**[※7]**ウケを狙うメイク**と自分たちがしたいメイクは、そもそも出発点とか基盤が違うので別モノ

このコマの反響がスゴかったので驚きました。
イズミさんは最近来てくれません。グスン。

ちなみに眉毛作成に愛用してるのはブーツで買った「スマッシュボックス」のアイシャドー
smashbox
「TOAST」は髪の色と同じで重宝してます。
さがしたのよ同じ色
※6 アシさんの「おやつがバター」
南南東で大反響を呼んだ発言。発言者のイズミさんは正確にはウチの元アシ高瀬いまチャンのところからお借りした助っ人だが…
あたし…前世占いしたら
わらびだったんです
練乳？食べますよ
スプーンによそって…
べんとう
などのステキ発言によってウチでは大人気!!!
今みんなはイズミさんが来るのをまってる

と考えたほうがいいのかもと思いました。

それは、ヤクルトとカルピスぐらい違うって感じ？　ってまた今ひとつピンとこないたとえですが、似て非なるモノ。

同性の間では、ビンカンなオシャレさん、ということでまかり通ったり、ちょっとあがめられたとしても男子にはイキナリ敬遠されるのと、同性からは「スタンダードだよねー」「つーか男ウケ狙ってんじゃん？」などのカゲ口をたたかれようともモテていくのとどちらが美しいか。

ちなみに男にウケるっつーことは年寄りや子供、オジオバにもウケるということですからね。私は、迷わず男ウケ!!　と言ってる割には、やっぱりアートメイク……踏み切れないんだよねー。

2001.5

つーか、これって米倉涼子?

なぜか、かたせ梨乃に今注目している私……。『吉原炎上』の梨乃は何度見てもツボ。ああゆう迫力の女優さんて、今の若手じゃいねーもんなー。

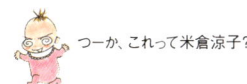

* column *

モヨコの お買い物 日記

この前「VOCE」で叶姉妹にお会いしてから クチビルにハチミツをぬることにこっている。で、活ヤク中なのが

ステンレスのスプーン。
¥45（東急ハンズ）
すくってハチミツをぬるのにチョードいい。

ユビでぬるとベタベタして大変

叶キョーコさんはシャネルのリップライナーらしいけど

私はラインと少し内側まで シュウ・ウエムラの931で描いて ハチミツをぬっています。
すごいグロッシーでカワイイの。

もうひと声 色が欲しい時には 最近コレです
ピエヌの エナジーワーク OR325を軽く重ねる

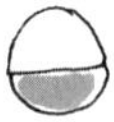

← このチークもオレンジで合わせます。
ピエヌ スキ。

嶋田ちあきさんがすすめていたので買ってみたら ホントに超よかった!!
ニナリッチの「バーズニュアンセ」
肌に透明感出つつ明るくなるの…。
私は今コレの上にベネフィットのパウダーファンデのせて終わり!

ニナ・リッチってパッケージかわいいけど中身どーなの?! と、

ちょっと食わずギライしてたのだが マスカラもかなりGood!
これで ゴールド×ピンクというラブリーな色なのだから 持たないテはないだろう。愛用決定です。
アイライナーはCARGOでキマリ!!

2000.3

女の至福は
指先に彩られる宝石。
そう、ネイルのことよ！

この号が出てる頃には、花粉は少しおさまっているのでしょうか。連日乱れ飛ぶ花粉にナミダも鼻水も涸《か》れることなく流れ続けている私です。

目のかきすぎで、注目のアイゾーンは大変なことに!! ちりめんジワどころか、さざ波レベルのシワが刻印されて……もはや潮騒《しおさい》。潮騒と呼んで下さい。まあ自分の目元なんて見ないようにすれば見ないで済んでしまいますからね!! 何の解決にもならないけどね!!

目元とは逆に、常に自分の目に入るトコロ、と言えば手。そして手とくればネイル。今日は、やってそうでやってなかったネイル特集とまいりまショー!!

そもそも私は、ネイル大好き。小学生の時は、流行していた**爪みがき**[※1]でいつもキワキワのツルピカにみがきぬいておりました。もちろんマニキュアもぬりました。

本当にちいさい時は、**透明ピンクのマニキュア**[※2]をママの鏡台から持ち出しては、爪の形に関係なく指全体にまぶしたり。

ワイルドですね。透明なのは、多少ハミ出していてもバレない、という大原則を学んだのも確かこの頃。

中学生になると**パーキージーン**[※3]です。パーキージーンの黒とか黄色とか黄ミドリなどを愛用。今思うと、まったく「モテ」を考えていないまぬけ人間でした。しかも、そういうペンキっぽい色は、ハミ出しがハッキリわかる上に爪の先がはがれるととり返しがつかない。

しかし、このパーキージーン時代にハミ出さずにぬる技術を体得したのも、また確かなのです。

ネイルの良いところってたくさんあるけど、私が愛しているのは、ぬっている間の「女子の幸せ感」。とにかく夢中で自分のことしか考えていません。

もちろん、キレイにぬれた時の達成感や、見た目が美しくなるといった本来の目的も愛してやみませんが、**ネ**[※4]**イルをぬっている時というのは本当にしあわせ**。

断言できるけど、本当にほかのこと一切考えてないで

HOYOCO'S KEYWORDS
あと1週間以内でツイに30代に突入。あたしの予定表では妻子持ちの立派な社会人になっているハズなのだが…。おかしいな。妻子持ちとか言ってるとこも完全におかしいですね。
つけま用
こわいよ～…
ここらへんがさざ波

こんなふうに騒いでいたが、突入してもう半年。
たいして何も変わんないものですね。

しょ。どーです？　みなさんも思い出してみるとそうじゃないですか？　考えてるとしたら、それは「**ライ**※5**ンストーンのっけようか……それとも久々にお花とか**描いちゃう？」ぐらいなもんでしょう。それ！　それ

※1 爪みがき
「キスミー」とかのシリーズで。
ペーストを付けてキュッキュッとみがくんだよねー。
←しかし加減を知らずゴシゴシしすぎて皮むけてた…。
※2 透明ピンクのマニキュア
こんな容器ですごくカワイかった。
nail
ツメの横がガビガビ…
安っぽいピンクがたまらなくスキ♡
※3 パーキージーン
バカ
たしかこんな形でシリーズによってビミョーにふた部分の色が変わっていた。
こんなポーズで→写真にうつっている…ツメが見せたかったらしい中3のワタシ…。
おこづかいためてはちまちま買ったもんだ。
※4 ネイルをぬっている時は本当にしあわせ♡♡♡
「基本的に「自己満足」だとも思うし。でも「自己満足」こそが美容の母だと思うワタシ。

それでいいのじゃ…

この原稿描いてる今日は「スッピン爪デー」。1ヵ月に1回くらいネイルとってオイルでマッサージ。ネイルはぬらない。休ませてあげることも大切だ。あたしも休ませてくれ!

が女子の幸せです。

そんでぬり終わって乾くまで、というのもバカバカしいくらい女子な時間。重ねぬりしてるから、乾いたかなぁ～なんて少しリモコン押したりすると**「グニ」**[※6]**っといく**。もう何もできません。人にやってもらうしかないのです。

彼氏から電話が来ても「ネイルが乾くまでクツはけないから家まで来てー」とか言えます。そのバカさもまた女子の特権。それで怒るようなケツの穴の小さい男は、こっちから願い下げです。

ま、そんなことはさておき、ネイルは本当に大切。べつにマニキュアをぬりゃいいってもんでもなく、美しくみがかれて整えられた爪を見ても、なんだかうれしくなってしまうというものです。

子育てや家事に追われてそんなヒマないとか、仕事が忙しくてとか、人によってネイルどころのさわぎじゃないってこともあるでしょう。

しかし、あえて言うならばその中で、それでもネイルを……と思う気持ちが実は大切なのではないか。

ヒマも金もねーんだよ！　という時でも実はネイルが一番**お金**[※7]**かけずにできる**おしゃれだもん。

私は、まんが家になって4～5年目の頃、お金もなく忙しく、エステなんてもってのほかだし、服を買う時間も着て行く休みもなかったのですが、そんな中でも、ネイルはいつもキレイにぬっていました。だって安いのは300円くらいで買えて、新しい色を一色買って帰ってぬっただけですごくすごく楽しくて幸せだったから。

しかも、仕事しながら常に目に入る唯一のパーツは手。キレイにしておけば、いつもうれしさと共にいられるわけです。

一度ぬった上から、違う色を少しずつのせて作るグラデーションや、いろんなバリエの**フレンチネイル**[※8]。キチンとぬれば1週間は楽しめるし、爪の補強にもなるし。最強じゃん!! 一番手軽で、喜び度も大きくて言うことナシ!

大人になるにつれて、どんな服やどの色みのメイクにも合うように、だんだんフレンチネイルの割合が増えてきましたが、やっぱり今でもラメフメのとか、ネイルビンディとか大スキでソニプラ行くとツイ買ってしまいます。

ネイルサロンに行って、プロの技を味わうのもいいけど、自分でぬるのが心にも効く、と私は思います。

この原稿終わったら**サクラ色**[※9]**の**ネイルをぬろーかなー。と、今回は女子モードのまま、オチもなく終わるのであった。

2001.6

※5 ラインストーンのつけようか それともお花を…
今までのネイルで気に入っているものを紹介。
グラデーション
ラインストーンをVに
花の色は いろんなので 真ん中は ゴールド!! ブルーとピンクがカワイかった。
クリアネイル
ベージュにクローバー シャネルっぽい
上にラメだけもカワイイ
逆フレンチ
いろんなバリエ
※6 「グニ」っと行く
「髪の毛」や 寝る前にぬって朝気付く「ふとんのあと」も 要注意。
ギャー
せんたくバサミみたいな指先カバーは ビジュアルがイヤなので 使いたくない。
やーべ 2時間かけたのに……
※7 お金かけずにできる
高くても3000¥とか? それ以上のってあるのかなー。買ったコトないけど。
ジバンシイを愛用中。
トップコートは「イプサ」の マットになるやつ。
リムーバーは お花が入ってるやつ。
IPSA
※8 フレンチネイル
ちなみに今週は パールの入った ジバンシイの ピンクに 白のフレンチ
普通でカワイイ。
※9 サクラ色の… 春はやっぱピンクでしょ
ただ気を付けたいのは 紫っぽい色とか青味の強いピンクは 日本人の肌を黒っぽく見せるというコト。
私などは ピンクベージュとか アイボリーもよく使います
たまに ラベンダー系とか ちっちゃいラメのも スキ♡
爪だけは モテ系で!!

フレンチ用のペンとかあるけど、アレって不便じゃない? あたしは、子供たちが買うよーな、ドラッグストアコスメのちっちゃいビンのやつ。修正液なみに白いし、イッパツで決まる。フレンチ部分のみの使用だから小さいほうがいいんだよね。¥150とかだし。

* column *

モヨコのお買い物日記

リムーバーを切らしているコトに気付いて
"BOOTS"に走ったらこんなカワイイのがあって即買い。

マニキュアでもこーゆうのあったけど
中に造花が入ってるの♡

安くてこーゆうカワイイもの
ドレッサーに置いとくと
女子として体ひとつで
勝負していく気合いが
入るっちゃーもんです。
「安い」とこがポイント!!

ゴメン…もっとビンのくち小さい上
ラインストーンが埋めてあるビン

高いリムーバーはツメいたまないのはわかってるけど…たまにはこーゆうのが欲しくなっちゃうんだよねー。

ドンキホーテ大スキ!!
いろんなものが安いけどツイ見てしまうのは
やっぱりコスメだ。
アホらしいと思いつつ…ツイ買ってしまう。

白肌クリーム
「ウテナ」のもの
¥698
「ぬるだけでパッと白く」というキャッチが…。

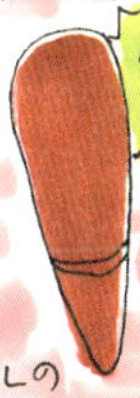

劇的まつげ美人
¥1200が¥798で…

ソニプラとかでも売ってるネイル
マーヴィスタが
¥198

ネイル用品が多いのはコギャルが多いから?

クリアネイルのチップも
¥678という安さ!!

シルバーラメだけというシンプルなやつ

ネイルアートしてあるのも安かった…。

品がいいかどうかはもうハッキリ言ってどーでもいい。
「安物買いの楽しさ」を満きつするのです♡

アリババ石けん
「オリーブオイルとローレルオイルだけの手作り石けん」
これも¥598

…と、ツイツイ「別にいらない物」ばかりを買ってしまう…。
これもまた楽しいものです。

2000.3-5

美しい足指。美しいかかと。フットケアは美しい。それは男女の仲促進にコーケンするかも!?

夏です。サンダルを毎日はいてしまう今日この頃。

別に悪いことではありません。サンダルをはく。夏で女子なら当然と言えるでしょう。

今月は、美しいサンダル素足の作り方、及びその効能について考えてみましょう。

経験から言わせていただくと、**5月**[※1]、**6月から**サンダル暮らしをはじめている子ほど、素足が荒れています。

キャリアが逆にアダとなる場合が多いのは、ナゼかというと[※2]**スニーカーで暮らしていた人**は、今頃になって露出した素足の肌が白く美しい。

一方、[※3]**すでにサンダル生活3ヵ月目**に突入しようという人々はどうか、と言いますとですね。まず、5〜6月の紫外線で足指&甲が焼けてます。その上、何ヵ所かは皮がムケたりこすれた跡があります。さらに、そこが日に焼けたため発生した色素沈着も見受けられる。ひどい人になるとかかとはガサガサ、足のウラにはタコ。

スイマセン。今年もはいています。3足とも。エヘヘ。だってカワイイし、
なんにでも合うんだもん！ 今年買ったのは、プラダのサンダル。セリーヌの
フューシャピンクのサンダルもポイントとしてバッグとセットで使っています。どっちも重宝。

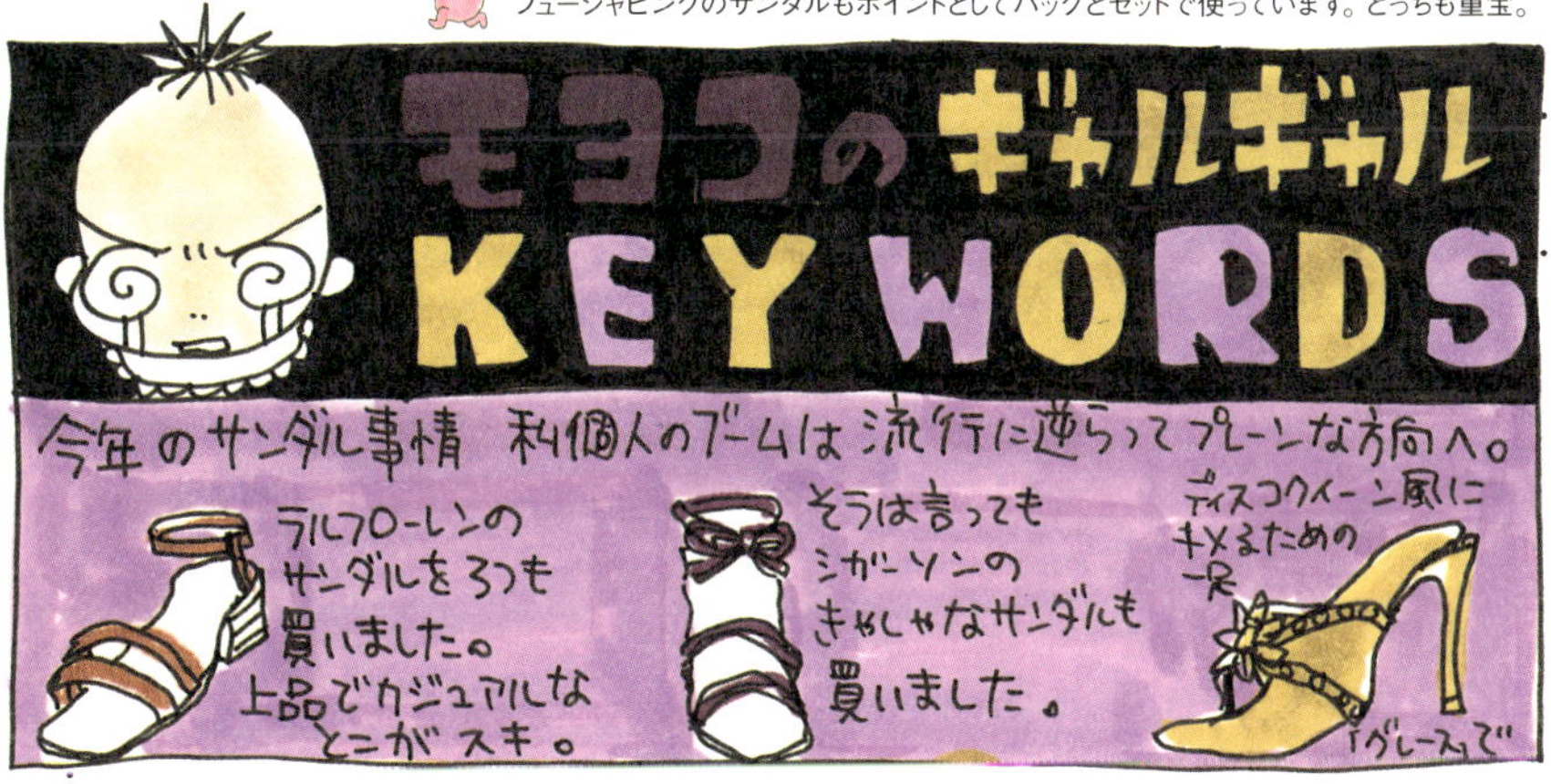
モヨコのギャルギャル
KEY WORDS
今年のサンダル事情 私個人のブームは流行に逆らってプレーンな方向へ。
ラルフローレンのサンダルを3つも買いました。上品でカジュアルなとこがスキ。
そうは言ってもシガーソンのきゃしゃなサンダルも買いました。
ディスコクイーン風にキメるための一足
「グレース」で

ええ、これは、すべて私の足のことでございます。申しわけありませんね!!

いくらブランドのバッグをブラ下げて歩いたとて、かかとが美しくなければお里が知れるというものです。

想像してみましょう。ヴィトンのバレルフルールを手にした、めっちゃ最新モード全開のおしゃれ姉さんが自分の家に遊びに来ます。手にはお土産の水菓子なども持っちゃって言うことナス!!

しかし、玄関でサンダルを脱いだその時、あなたの目はくぎづけに……。

「足……汚い」どうですか？　もう最悪でしょう。それくらい足が汚いのはダメなのです。歯をみがいてないのと同じくらいダメ。

もちろん、毎日おフロで普通に洗っていても、想像以上に汚れるのが足。

一説によると、足の指の間からすべての老廃物《ろうはいぶつ》が排出されるので、足指洗浄はかなり重要らしい。

それと関係あるのか「**くつ下健康法**[※4]」とかゆうのもあって、かなり心ひかれたりしました。でも、外観的に踏み切れなかったけど。

まー、とにかく足がキレイで悪いことはいっこもねえんだ!!

さて、じゃあ具体的に何をするかと言いますと……まず洗浄。かなり徹底してやります。

私は、オリジンズのフットシリーズを愛用。バスタイムを利用するのなら誰でもできますからね。ハナ歌まじりにスクラブで手を使った**マッサージ**[※5]**を**したあと、やすりでかかとをごしごしと。

昔読んだ花輪《はなわ》和一《かずいち》先生の漫画で、「きれいな人はかかとまできれい……」というようなセリフがあって、かかとの汚い主人公は、「ダメだ……こんなかかとじゃ!!」と悩むんだけど、ぼんやりそのことを頭に浮かべたりしつつ、磨くこと5分。やりすぎもキケンだからね。で、おフロあがってやることやって、ベッドに入ったらクリームをぬって、これまた軽くマッサージをして寝ます。これだけで次の日のカサカサは80%以上解消。

ちょっと前流行した**木酢**《もくさく》[※6]というのも、もちろんやりましたが、効果はとも

オリジンズのは本当に良いです。
今も使ってる。長く使ってしまう良さがある。

かく、木酢液の入ったビニールに足を入れ上からソックスをはく、というのはいかがなものか。結果として足がキレイになったとしても、過程が美しくないのは、私としては首をかしげる所なのでそれ1回きりやってません。

さて、**ペディキュア**[※7]も重要なアイテムで、夏の足づくりにまず欠かせないモノですが、それ以前に「ペディキュアをする」という行為のかわいらしさ、女の幸せ感、自分に夢中感、どれをとっても最高得点マークなとこがいいんだよねー。

ラインストーンを配置しつつ、手のマニキュアが、はがれないように気をつけつつ、電話しながらペディキュアをする幸せ。ついでに、その電話にキャッチが入って、それがダーリンだったり、そうじゃない男子だった時の幸せ。ああ女に生まれてよかったね!

そして、デートともなればもちろん足首と、手入れした足をキワ立たせるためにアンクレットも忘れない。

さらには、アンクレットがひき立つように、ストラップのないハイヒールのサンダルでお出かけですよ。

そんなサンダルじゃ当然ろくろく歩けやしませんから、どの道男子に面倒みてもらうわけですよ。

手間をかけた足には、男子もたとえ文句言いながらであれ、ある程度はほーししてくれますからね。

このように、足のお手入れは、女の幸せ&男女の仲促進に大きくコーケンするということがご理解いただけたかと

※1 5月6月から..
4月にもすでにいた。
さむくないんか…ムスメさん。
←レザーのジャケットで!!
※2 スニーカーでくらしてた人
普通のクツでもそうだが
まっしろ!!
う、うつくし〜
←キズも無く…。
※3 すでにサンダル生活3ヶ月目
5月
6月
7月
上着をきても。サンダル
…がいせん
ああ!!あれてるさ!!
だハー
どーだ!!
※4 くつ下健康法
「重ねばきだったかな?
5本指くつ下と普通のくつ下を3枚かさねばく!というもの
天然素材じゃないとダメらしい。コットンとか絹とか。
足でかくならないのか?
体にはヒジョーにいいらしいが。
※5 マッサージを..
指の間もさることながら…
スジの間
くるぶし周辺(婦人科のツボらしい)もキモチいいです!!
肩こり
胃のツボ

足の裏の角質をけずる「けずり器」みたいのも
買ったけど……。こわくてあんまり使いませんでした。

思います。わかっただけじゃアカン!! 実行してナンボ、実行してナンボなのよ～（自分へ言いきかせるように）。

2000.9

※6 もくさくず
足の角質がごっそりとれるらしい‥
でもこの姿…。
ほんの数分のガマンなんだけどさ…
ビニール
↑あるくと中でブジャブジャ言う
※7 ペディキュア やっぱ今年はゴールドのラメなのではないかと!
ゴールドとムラサキの組み合わせが最高にかわいいのではないかと!!

あとは夏ならではのターコイズと白もいい。このローテーションで行こうかと思ってます
アンクレットもゴールドがかわいいと思うの。

あたしが愛用してるのはクローバーのモチーフがぶらさがってて、キラリとひかるのだ!

さーデートデートデート

このアンクレットはどこのか？ という問い合わせが結構あったのですが、
恵比寿のアトレのアクセサリー屋にて¥10000で購入。でも、すぐ切れてしまった。
アンクレットはすぐ切れるから¥800くらいのを使い捨てることにしました。
でも、今年はシルバーのばっかでゴールド見つけるのが大変だった。

DIARY

* column *

モヨコのお買い物日記

ひと目ボレ…

サンダル大好き!!
何足あっても毎年何足も買ってしまう。
さっそく今年も恵比寿のサードカルチャーで
マノロのリザードのサンダルを…。
キャー!!高かった…。

sergio rossi

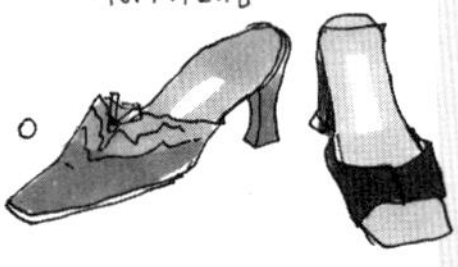

でも意外と毎日はくのは
←こーゆうの… なんだよねー。
便利かつカワイイ♡
セルジオ・ロッシのクツって
気付くと5,6年はいてるのとか
何足もあったりします。

足が痛かろーと
ハイヒールははく!!!
だってカワイイから。
ハイヒールはいてる自分の
足っていつもよりスキって
思いませんか?

気分を変えてめずらしく通販。
(カタログは大スキだからよく見てるんだけど…。)
今回は海外通販のニーマンマーカスで
ラルフローレンのスカートを注文
してみました。紺に白の水玉。

今シーズン水玉多いよね。
やっぱ一着持っておきたい。

←ちいさいドットの方が抵抗なく
取り入れやすいし、何年たっても
着れそーです。

ラルフ大好き!!
サマーニットも
買う予定です。

2000.3

バンドエイドが突然開眼！
シヴァリスへ。
下着歴13年記マンガ家編

さて、今回は私の大スキな下着について。

とはいえ、今でこそ雑誌の**作者コメント**[※1]で「ストレス解消は、エステと下着を買いに行くこと」とか気取ったことをほざいている私ですが、実は**高校生までほとんどノーブラ**[※2]で生きていたのです。真性ノーブラ人間です。

それは身長が167センチで45キロ、という超細身でまったくブラの必要性がなかったから。シールでもはっておけば問題ナシ!! バンドエイドでも可!! しかも、おこづかいは服やらまんがやらで飛んでたし。

しかし、大人になって、肉もつきはじめて下着屋に行き、異様に興フンしてしまいました。「……あたしなんで今までここに来なかったんだろう……!!」と。

だって色も刺繍《ししゅう》も、ああ、なんてカワイイの!!

そして**体につけた時のヨロコビ**[※3]。幸せの極みですよね。ホント！

ただ、最初は、とにかく国産の中からカワイイのを選んでいました。

だけど……今でこそ日本の下着もカワイイのがたくさんあるけど、ちょっと前はわりとプレーンなものが多かった。そして行くわけです。輸入モノのお店に。

　初めて行ったのは、友達に連れて行ってもらった**代**[※4]**官山の「リュー・ド・リュー」。そこで「シヴァリス」**

モヨコのギャルギャル
KEYWORDS
※1 作者コメント：もくじなどに作者の近況などのひとことが載るんだけど、みんな意外と読んでるんだネ！ あたしも読んでるけど。いつもおもろい事が言えなくてくやしーの。後で思いつくんだよな…。
ほほう
※2 高校生までノーブラ
本当にいらなかった…。

←制服はジャンパースカートだし。

「ダイエット」など考えたこともない幸せな時代…。胸がナイのが最大の悩み。
※3 体に付けた時のヨロコビ
む。。ムネがある。。

キャ〜ッ 女のひとみたいよ〜

下はおしめだが

今思うと、体育の時とかどうしてたんだろう……。自分が謎。

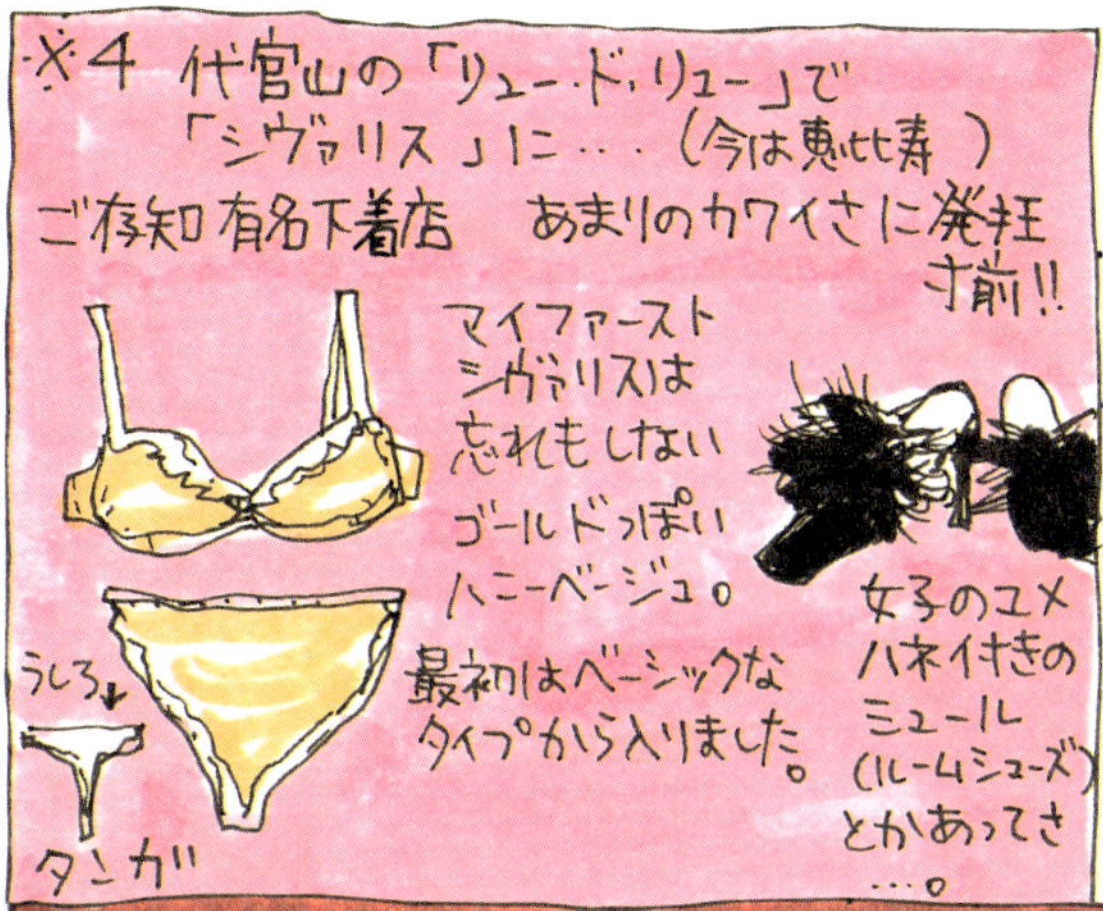
※4 代官山の「リュー・ド・リュー」で
「シヴァリス」に…（今は恵比寿）
ご存知有名下着店　あまりのカワイさに発狂寸前!!
マイファースト
シヴァリスは
忘れもしない
ゴールドっぽい
ハニーベージュ。
最初はベーシックなタイプから入りました。
うしろ
タンガ
女子のユメ
ハネ付きの
ミュール
（ルームシューズ）
とかあってさ…。

※5 シルエットの違いに…
どれくらいちがうかと言うと…
お?!
ココがもちあがるのでシャツがひっぱられシルエットが変わる
でもニットの時は先がとんがってるシヴァリスよりまあるいシルエットのミレジアとかがスキ♡
ここまでデカけりゃいいよな…。

今やシヴァリスは……
何着あるかわかりません。
コレクターです。

に出会ってしまったのが運のツキ。あまりの柄のカワイさに失神しそうになりつつ（そして値段の高さにもな……）試着をして、上からシャツをはおった時の**シルエットの違いに**[※5]、本当に本当にびっくりしたものです。

シヴァリスは、トップが高くなるので必然的にシャツが持ち上がり、なんとウエストまで細く見えてしまう。

下着の偉大なチカ

ラ、というものを実感したのは、この時が初めてと言ってもいいかもしれない。

それからの私は、お金がなくても下着買い、です。マジでど貧乏なくせに、1万2000円のブラとか買ってしまう。ショーツは、7000円とかするのに。

でもね、その当時も今もこれは変わらないんだけど、例えば1万円しか持っていなくて、服と下着どっちも新しいの欲しい時、あたしは間違いなく下着を買ってしまうのです。

だって、服が新しくても下着古かったら嫌じゃん。なんか……。

そして、下着が新しくてそれもちょっと高級だったりするとね、服がたとえおとといのちょっと着ふるしたニットだったりしても、自分の心は貧乏にならないの。すごくしゃん!! としていられる。ここが下着のスゴいところです。

本当に誰に見せるわけでも（いや……彼氏ぐらいといちおう言っとこーか……）ないのに、自分の満足のためにお金をかけ、もちろん洗う時も手間をかける。これがよろこび。

まあ、もちろん「私はそこまで下着には……」という人もいるでしょう。もともとエエ乳してる人とか。私の場合は「寄せ上げ」が基本なのでね。でも、ただ単に多分スキなの。下着というものが！　ガーターとかスリップ、スリーインワンなんかも見てるだけでうっとり。もちろんつけたらなおうっとり。一人でくるくる回ったりして。

完全にヤバいですね。下着でくるくる回る女。でもかわいいんだもん!!（下着が）

シヴァリスよりも、「エクセリエ」というイタリアのメーカーのほうが私の胸には合うのですが、結局カワイイという理由のみで、いろんなとこのを買ってしまうのですね。

いつも行くのは、白金にある「ヴィヴィアン」という所なのですが、そこなんて行くと何十コも試着して、形合わないけどあきらめられない……というモノをあえて買ってしまったりするのです。そう、ここまで来るともはや趣味かなーと。

だってそーゆうのって結局服着た時シルエットが美しくないからつけないんだよね。まさにタンスのこやし。

下着で過ごすのはお行儀的には悪いけど
私は大スキ。自分の体のチェックにもなるし。
ただし今やるとかぜひくけどな!!
ワーイ
ワーイ
そして30分後……。
ぶえっくしょん
さむっ
通販でも　P.Jとか　ヴィクトリアズ・シークレットとか
カタログ見てるだけで楽しい!!　気付くと3時間
くらいは余裕で見てますね。
※6 デヴェ
寄せ上げ系
がしっと上がる
見栄をはりたい時に…。
※クペルラ（ラ・ペルラ）
とにかくキレイでゴージャス。大人気よ!
ガーター付ショーツ…まだ使ったことない
※8 リエン
ここのもスキ。
Sweet
Sexy
最近買った中で一番のお気に入りはRavageというフランスのメーカーの超おひめ様な純白のセット♡
ただし、このメーカーのは私の体には合わないのよね。
とにかくデザインがすんげーカワイイのばっかり!!
色もキレイ

白金のヴィヴィアンとブティックシーンが最近多いです。
「シーン」は実用的で使用頻度の高いモノは色違いで何枚も買っちゃったりします。

でも、時々つけてみてにやにやするの。そして、普段はわりと実用的な「**デヴェ**[※6]」や「リンズ」とかつけてたりするんだよねー。

ただし、夜がデートだったりする時は、シフォンとレースの夢の結晶みたいなシヴァリスとか、王女様になった気分の真っ白な**ペルラ**[※7]とか、赤ずきんちゃんみたいな**リエン**[※8]に着がえて行ったりするわけです。

別に何もしないで帰っても、その下着をつけていることで、自分の心がセクシーになったり、気高くなったり、かわいくなったりもするわけなんですよ。

下着って素晴らしーよな!!　ホラ、もう今回はマジでスキなだけに、笑いも取れないくらい普通の文章。恋と同じね。

本当にスキだと気のきいたことが何も言えなくなっちゃうの。えへ。

2000.4

* column *

モヨコのお買い物日記

DIARY
お花がいっぱい!!

お花のついたモノに弱い私。

フェンディのはバカすぎて欲しいけど持てるか…。「コレを持つ人」になっていいモノか…? いや、カワイーんだけどさ!!

ヴァレンティノのはダントツにカワイー!!

古着屋さんで見つけたアホのよーなバッグ…♡ でもいつ持つの?こんなの…。

全部欲しいがあまりのインパクト…。持つには「自信」も必要ね…。

う〜ん。

とか悩んでるウチに買い逃す。

今いちばん欲しいモノは…

「セフォラ」1Fのレジ横に並んでいる香水のビン。レプリカだけど美しい…!!

同じの2個買ってドレッサーに並べたい。

そして今気になるファッションはニュートラでしょう、というコトで
シフォンのブラウスも欲しい私…。

2000.3

パーティーと着物とマダムの関係。今年こそは！「着物道入門宣言」

パーティーシーズン到来!!　まあ、**言うほどないん**[※1]ですけどね、パーティー。

そして、パーティーと言えばいつも悩むのはファッション。せっかくだからドレスアップはしたい。でも「**パーティー用**[※2]」**みたいな服**ってそう何度も着れません。

しかも、まんが家のパーティーとかは、メンツがかぶることもしばしばで、いちおう女子としては同じ服着たくない!!つー気持ちもある。というかそんな気持ちでいっぱい。

他のものとコーディネート可能で普段も着れて……なんて服は、どうしてもカジュアルダウンした感じになるし……あーもういっそのことハダカで行くか。等またしてもプリミテ

最近は「『ハッピーマニア』祥伝社刊）終了打ち上げパーティー」
というのをやらせていただいた。招待されないので開いてみたよ。

モヨコのギャルギャル
KEYWORDS
※1 言う程無い まんが家の人でパーティーと言えば出版社主催の忘年会と新年会ぐらいさ。後何かあるのだろうか？ 友達と飲み会とか。あとはブランドのパーティーぐらいなのでは。世で言うパーティーはどこで？ 誰か招待して下さいよ…。
最近行ったパーティーは江川達也サンの新築パーティ
これもまんが家系だし…
※2「パーティー用」みたいな服（ドレス？）
「普段も上にGジャンを着て…」などの店員のたわ言にだまされてツイ買うが着ねーって!!!

これなの？ 足首まであるんですけど…。
→いっぽうこちらはラメ入りニットせの上下。たしかに普段も使えるがパーティーでの「子供っぽさ」「安っぽさ」は否めない。
芸能人じゃないしそんな沢山服買えん。
※4 文章で言っても仕方ないので
恵子さんはこんなカワイイ格好でBMWをブイブイ運転。しかも帯をおたいこには結ばないとこがステキ!!

シートを倒して帯をつぶさない工夫も慣れてる！

ホントーにあこがれちゃいます!!!

いつも元気!!

すごーくかわいい♡ しぼりの半エリとぞうりの朱が同じなんです!!

相変わらずおしゃれでステキな恵子さんのお店は、青山の骨董通りにあります。
30歳のB・Dには、ダイヤの指輪を購入してしまいました……。ヒエエ……。

ィブな感覚に支配される私。

みんな!! 年末年始どうしてるの? コサージュ+スカーフ、もしくは、ファーのバリエだけで**黒いワンピ**[※3]をドレスアップして乗り切るの?? あたしにはできないよ……そんな10人中6人はやって来そうな格好。ああ本当にどうしよう。

こんな時アレがあったら……アレ。そう日本人の強ーい味方!! 「着物」。文句なく華やかで、美しく存在感があり、あたたかい。素晴らしいよ。

※3 黒いワンピ(他の色でもいいが)
いや…問題ないんだけど。つまんないかもって…
ストール

この前、私は、仲よくさせていただいている宝石商のマダムと、平成中村座の「法界坊《ほうかいぼう》」を観に行ったのですが、その日の彼女のいでたちが本当に本当にステキ。
文章で言っても仕方ないので絵で!![※4]
超かわいくないですか!? 特にえりまきのファーが黄緑……。もう失神しそうです。

あまりのかわいらしさに、黒スーツ（無難……。洋服選ぶ気力がなかったことを表します）で行った私は、ほとんど「**黒子**[※5]」の気分。

そして思った。マダムのよーに、着物を本当にかわいくセンスよく着れる人になりたい！！！　と。

まず、着物は、**何年も着れる**[※6]。高いのは、限りなく高いけど、お手頃価格のものもキチンとお手入れすれば着れる（ハズ）。

5年前のだからって古くさくなることもないし、オビとか半えりを替えればいくらでもバリエーションを作れる。

着物で生活している人に言わせると、洋服よりも**コーディネート**[※7]が楽だという話。アイテムもひとつずつ増やして行ったり、それに合わせてまた違う着物を買ったり……ああ!!　なんて楽しそーなんだ着物ライフ!!

しかし……ここでまた問題なのが着付け……。

以前も、このページで書いたことがあるけれど、ハッキリ言って、○○きもの学院とかの着付けはスタイリッシュさに欠ける。まるでアーマースーツ。

やっぱり昔の着方を身につけたい!!　そう願う私に前述のマダムがひと声、「ええ、教えてあげますよ」。やったー、先生見っけ！！！

しかも、彼女の着物のセンスはバッグン。でも、これってすごいことだと思うのよ。

だって年配の女性で着物、と言えばたいてい地味ーな、それでいて、高そうなものと決まってる。決まってなくてもそんなイメージ。

なんか柄もサクッとついているだけであまり面白くない。あれで◯百万円か……バカバカしーことこの上なし。

だって、いくら高くて良い着物でも、着た時かわいくって、女の子らしくて、おしゃれじゃなきゃ意味ないじゃん！　つーか高いぶんイヤじゃん!!

そんなに高くなくてもいいから、かわいい着物をダーリンと箱根に行く時や、老舗《しにせ》のすきやき屋さんに行く時に着て行きたい。普段の生活でかわいく着たい。

で、そーやっておいて、パーティーでも着たい。それが理想の着物ライフ。

パーティーでだけ着てると、いかにも着物買いましたー、ここしか着てくとこないんですー、って感じで格好悪いし。

あたしは、マダムと歌舞伎行く時に着て行こうと思っています。

あと夏は、浴衣《ゆかた》ね。浴衣から入るのもいいかも。値段も安いし。

しかし、今年もスデに浴衣シーズンを過ぎたのに……
結局まだ着物生活手つかずっス。仕事やめないとムリ？

※5 黒子
「法界坊」では黒子も活やくしてました。
※6 何年も着れる…と言うか今見てもかわいい明治大正の着物の柄!!!
もっとこーゆうの作って!! メーカーさん。
こーゆーのとか
ケイタマルヤマの着物もほし〜
浮世絵の江戸着物のもようも激マブ!!! リバイバルして欲し〜〜〜
※7 コーディネート
着物のコーディネートは着物、半襟、帯、帯留め チラリと見える襦袢のそで口。色のバランスと小物の組み合わせ。でも洋服みたく「ジャンル」が無いから やりやすいと思うんだよね〜〜

こまかいとこもぬれたよ…8月だし
※8 小林嫁
私の前々担当小林青年の年若き奥方。VOCEチーム内では「すご腕」女子として呼び名が高い。
あえてえりはヌかない小林嫁
はい!!! チーズ!!
カシャ!
本当に私達をとってくれるのかと思ったのに…。あからさまだ！
メガネをとって準備
くるっ

コレ……。本当にこうだったんだよ〜。あとで私の写真ももらったのだが、
まぬけヅラでスイカにかぶりついてる子供写真が1枚のみ。どーなってんだよ！

浴衣と言えば、**小林嫁**[※8]も今年の夏、着てたよ。隅田川の花火に、小林夫妻とＶＯＣＥライターさんチーム（Ｗかな）と一緒に行った時、当然Ｔシャツとパンツの私を尻目に涼しげな浴衣姿で嫁登場。生ビールをジョッキであおる私たちに、小林青年がカメラをとり出したが、いつにもまして、嫁のみを激写しまくる愛妻家の彼なのであった……。

やっぱり和装は強し！

あーあ、あの頃から、浴衣生活続けて秋口に着物デビューしときゃ、年末年始のこの時期にあーでもない、こーでもないと悩まずに済んだかも知れないのにぃ。と、この教訓を胸に抱き、私は、２００１年を着物元年にいたしたく思う処にござ候《そうろう》。

2001.2

＊ column ＊

モヨコのお買い物日記

今度ひっこす家の玄関用に
お花のシャンデリアを買いました♡

お花のシャンデリアって探してたんだけど日本にあったとは…!!!

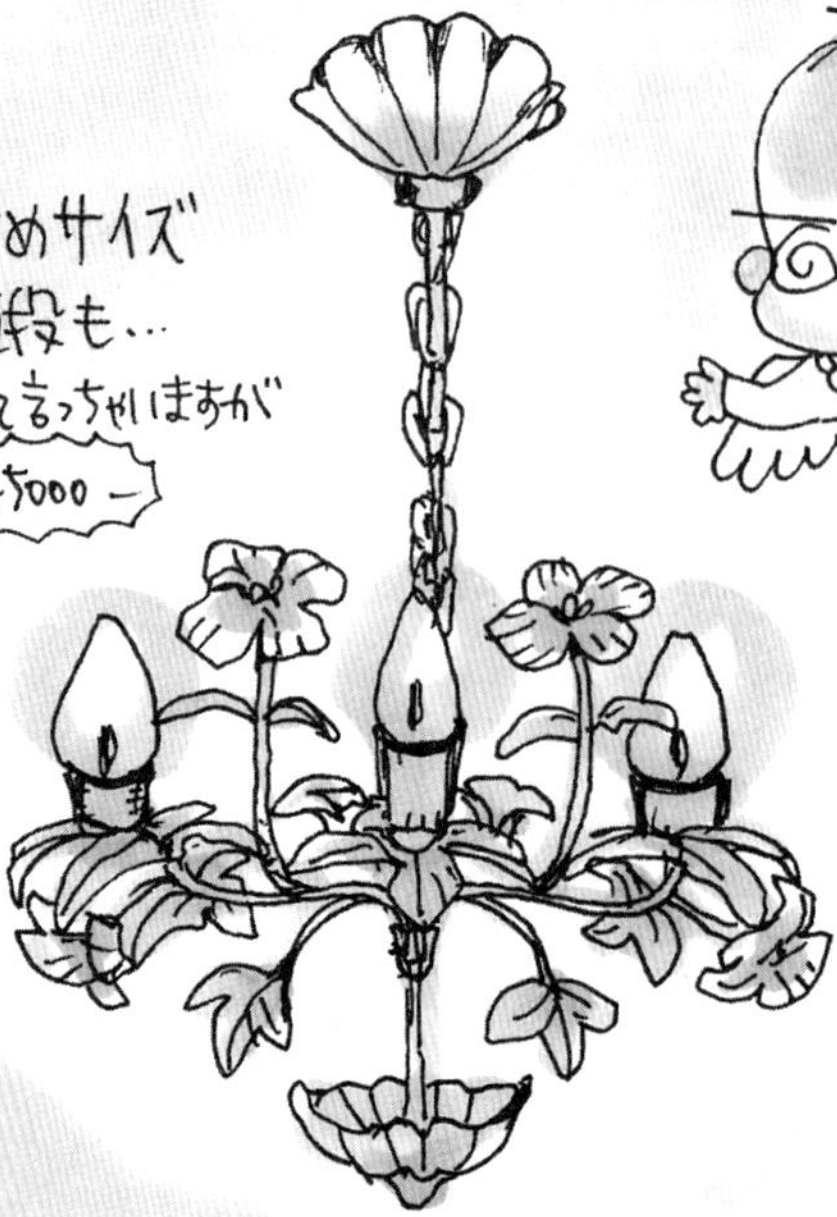

小さめサイズ
お値段も…
勇気出して言っちゃいますが
¥45000 -

恵比寿の
ちっちゃな
こっとう品屋さんで
偶然みつけたの。

ロスまで買いに
行こうと思ってただけに
うれしい出会いでした。

あ、そーだ行ってみよ

行こうと思ってた
お店が閉まっていて
30分時間があったので
フッと思い立ち行ってみたら…。
こういうのって ありますよね。
お買物の楽しさの ひとつです。

2000.4

Diet Health

Fashion Make up Travel Meeting Trend Love Style

行きつくところはいつも健康。
その裏にあるものは？
めくるめく着せ替えワールド
＆漢方の世界なのか!?

みなさーん疲れてますかー!?（力ない声でイエーー……）偏頭痛におそわれて自暴自棄《じぼうじき》になってますかー!?（イエーー……）

はい。もういいです。わかりました。働く女は、みんな**疲れ果ててる**[※1]っちゅーわけです。この場合の「働く」には、もちろん家事労働も含まれてるんでよろしく。

働きすぎで、何だかここんとこだるいし、顔のむくみは取れないし……やばい感じ。と夜お茶の席でボヤいていたら、友達に漢方薬をすすめられました。次の日即予約を入れ、その日のウチにクリニックへ。[※2]**こーゆう時の行動だけは異常に早い私**。ちょっと危機感あったし。

常に、疲れがたまった状態を続けに続けてはや5年。さすがに、最近本

※4 呆けたように家路についた
うそです!! オペークと THE GINZA よってました
銀座に来て手ブラで帰れるかっつーの。
オペークで買おうか迷ったカゴ
買わなかったけど
ニュートラ風味のスカートとか…。
時間なくてFENDIとか並木通りは行けなかったが。

モヨコのギャルギャル
KEYWORDS
※1 疲れ果てて…やつれたとこで まつモパーマをかけたら二重に…！整形したのかとまで聞かれた。しかし疲れも重度になると「やつれ」通り越してむくむ。するとアーラ不思議 ひとえにもどりましたとさ。整形ギワクは晴れた!! しかしむくんでいることに変わりはない…
まつモパーマって
ホント便利
※2 ニーチャラ時の行動力は異常に早い
昨日も美容室で見たアーユルヴェーダのクリニックの記事をメモって即予約。明日診察してもらい今月の後半にパンチャカルマを受けます。思いついてから1日たってないっちゅーのに。

あたしのバック もってきて下さい!!

メモらなければ
※3 診察して下さった先生
漢方、飲んだことある？
いいえ
ニヤ
うれしそう
まずいよ〜
※5「ダンレボ」 ダンスダンスレボリューション DDR などの呼び方が…っていいが そんなこと
かなり遅ればせながらも、やっぱかなりの運動になるので ハマっています。
ジャクソンシスターズの「ミラクル」が難しくて なかなかクリアできませんっ!
かなり発汗
タオル
FILA
毎日30分か1時間やっている
ドタバタ
ステップというより ちどりあし!!
それにしても似てない
「2」の子より「1」の子の方が あたしはスキ♡
友達もやりに来る…。

アーユルヴェーダのクリニックはすごかったよ……。あやうく解脱するとこだったね。毎日、野菜のみの食事（もちノンオイル）、毎日浣腸して、あとはテレビとか本とか禁止なの。ぼんやりしてなきゃいけないり。ワーカホリックの私には地獄……。でも、体はすっかり調子よくなった。そしてインド占星術で「結婚する力が弱い」とかゆうこと言われて、帰ってきました。医療法人社団 邦友理至会マハリン那須クリニック tel.0287-68-1153

中醫クリニックコタカ tel.03-3567-2525

気で何とかしないと……と思いはじめていたのですが、案の定、**診察**※3**して下さった先生**が「あなた、このままいくとガンになるタイプだね」などと普通の顔でさっくりおっしゃるじゃありませんか。ギャーーー!!　こ、こえーよ～～。何言うんだアンタ!　殺す気か!

「いやです!!」キッパリと答える私。そうだ、ガンはいや。すると、先生はこちらを向いて「趣味、持ってる?」ときくじゃないですか。

他の病院でも言われたのですが、趣味にカギがあるらしい。「毎日仕事から帰って30分～1時間、それをしていると楽しくて他のことはスッカリ忘れちゃう」ような趣味を持て、と先生はおっしゃりました。激マズの漢方薬を処方されて、※4**呆《ほう》けたように家路についた**ものの、途方に暮れる私。インタビューや、著者紹介のたびに趣味がなくて困っているのに……。

だってさー、音楽は仕事中死ぬほど聴いてるし、ゲームはきんちょー感があってストレスになる場合もあるから「おススメできない」と言われたし。何があるとゆーの!?　趣味を仕事にしちゃった私に……!!

前、すこーしだけ、スキューバをしていたけど当時の彼氏に連れられて行っただけだったし、旅行も最近忙しくて行ってないし。ああ困った。と頭を抱えているところに、アシちゃんが提案してくれたのは「ダンレボ」[※5]。……つーか趣味って提案されてするモノなのか？　と思いつつも、ワラにもすがる一心で（ああマジメな性格だねホント）近所のキディランドへ行ってみた。

無事にダンレボを購入して、下りつつ各フロアを見てみると……、私の心をとらえたものがあったのです。強くとらえたモノが!!

ええ。そうです、バービーです。「キディランド」って日本でもバービーに関しては老舗《しにせ》なんだってね。いろいろあったよ……。

もちろん、昔からバービーのスタイルとかは大スキで、写真集や本は持っていました。けど、人形本体には手を出すまい、と決めていた。

もともとコレクター気質が強いので、集めはじめるとどこまでも行こうとする自分の性質をふまえて、本でガマンしていました。

でもダメだ……もーガマンできねえ……いや！　部屋のどこに置くんだ。しかもこの年で未婚、バービーコレクターというのは、山田邦子くらいヤバいんじゃないのか？　と思って躊躇《ちゅうちょ》。

でもいいや!!　だってカワイイんだもの！　気付けばバービー3体抱えて歩いていました。あーあ。なぜこんなにも、カワイイ服やら人形に弱いのか。

ほかにも、ラブリーな着せ替えを楽しめるCD-ROMつきムック『安野モヨコのデジタルなおしゃれ生活』（アスキー／¥1500）←コレ!! みんな買った?
すごいおもしろいし、超チカラ入れて作ったんだよ〜。あんまり売れなくて悲しかったです……。

※6 バービーの服作ったり
お針子なみぞう& 元バービーコレクター
(100体以上所有)
バービー道の私のグルでもある林ちゃん
けっこう作れるよねっ
カンタンカンタン
すごいよアンタ達…
※7 去年コミックスのふろくで..
ジェリービーンズ
他社ですが宝島社から出ているジェリービーンズとじこみで実際あそべます♡
洋服をつくってる女の子が主人公のマンガなので。大人が読んでも面白いよ!!!
※8 バービーは顔激マブ
バブルカット→のバービーも大スキ♡
ブルネットがやっぱりカワイイ?
などと考えると
平気で何時間もすごせますが…
やばい?
70年代のものが私の好み。
ハナと口が超理想ヘ!!!
しかし服がプリティすぎるのは、どういうこと?!
60、70sのバービーファッションは今でも充分参考になります。
例えばコレなんて…ゴールドのサンダル!!!
シックで美しい♡♡♡

コレクターというのは箱から本体を出さずにしまっておくのが基本らしいけど、私は出してしまいます。だって、着せ替えたいから。そしていろんなアイテムを組み合わせたり、自分だったら、もうちょっとここが細いやつ欲しいなとか夢想するわけです。

これが人形遊びのダイゴミじゃないですか！　あんまり手先が器用じゃないので、**バービーの服を作ったり**[※6]こそできないけど、デザインして、アシちゃんに作ってもらおうかとも考えたりして楽しー!!

そういえば、**去年コミックスのふろくで**[※7]、着せ替え作った時も超燃えて!!すべてのアイテムで組み合わせ可能になる、上下別のコーディネート着せ替え！　とか言って、仕事そっちのけで作ったものです。

実際自分が持ってない服をそれで着せ替えたり、自分の手持ちアイテムに一番活用できるプラス１枚はどんなものか、を考えたりして参考になるし。まー、バービーだと**顔も激マブ**[※8]だし、スタイルも最高なんで、まずそこから何とかしないとアレなんですけど。

ダンレボで踊り狂いつつ、趣味のバービーをたしなみ、漢方薬をいただく……。いや、風流ですなー!!（壊れ気味）。みんなも働きすぎには気をつけよう。

2000.8

* column *

モヨコのお買い物日記

↑
裏地が花柄♡

近所の「Rouge vif」というお店で前から計画していたトレンチを買う。

私は背が高いのでカッチリしたものを着ると本物の男のよーになってしまうので細身で肩のナイ女らしいデザインを選んでみました。

春先重宝しそうで楽しみ。

← ラクすぎて多分何回もやってしまうだろうCD

同じお店で**LOVE**に効く!!というブレスも買ってしまった。

お守りのパワーストーン付

パワーストーンのビーズブレスが5,6連になっていてめっちゃカワイイ!! その上ラブ運もUP 今N.Yでハヤっているらしい。

同じくIENAのニットカーデ。

夏にノースリーブの上とかワンピの上に着ると便利かつカワイイかと思い購入。

早く5月頃にならないかなー

IENAで sigerson mourison のクツを買う。

実は黒いミュールとかあんまり持っていなかったので便利かなーと。

グレーのタイツに合わせてはくと超カワイイのです

トレンチと合わせて女らしいカッコにしたいわ♡

← 足の甲がかくれるこのクツがスキ。

2000.2-3

美の大敵。その名はストレス。美人に必須は「リフレッシュ」

仕事に行きづまった時、男で煮つまっている時、とにかく何もかもがつまりまくって前にも進めず、後ろにももどれず……そんな時、みなさんはどうしますか？

私は、とりあえず「困ったなー」とか言いながら、2～3時間は頑張ってみる（他人にも、自分にも誠意があることがとりあえず確認できる最低時間。確認できないという説もある）。

でも、大抵の場合、一度煮つまったモノは続けていても、さらにぐつぐつと煮つまるばかりで問題（締め切りとか、重くなってきた関係とか）はあまり解決しない。ほとんど解決しない。

そんな時はですね、もう思いきって外へ行ってしまったり、全然違うことを突然はじめたりがよろしい！

例えば、深夜からいきなり開始する大がかりな模様替え。ひどい人になると、壁紙まで貼り替えたり、家具をつくりつけたり、ほとんど工事レベルに達する激しさ。大がかりに片このトレーナーは、まんまとパジャマへの道をたどった……。スリップネグリの上から着ると、ちょっと'80sのダンサーの練習着みたいで映画『フラッシュダンス』の気分が味わえる。

MOYOCO'S KEYWORDS
ギャル御用達の服屋 代官山の「モロコバー」で
早速 カットされた 80's調トレーナーを
購入したのはいいが 着てみると
「スター・ウォーズ」のルーク・スカイウォーカー
そっくり…。そう思う自分がトシなのか?
白
オビワン ケノービ!!!
たたかうぞ〜
※1 ハワイでスカイダイビング
この前してみたのですが
Tシャツがめくれてブラ全出し。
しかも顔の肉が風圧で
上にもち上がって大変なコトに。
し… 死ぬ…!!
(風の音)
ブボボボボ
※2 100パーセント…SOかもね!
シブがき隊の名曲。シブは私達を銀河の彼方まで飛ばしてくれます。気分転換でイテムのひとつ!

ベストがおススメ!! ジャケ写もきのこっぽくて最高です。

やっぱ挑発∞がいいネ!
※4 おフロでろうそく
「読書で半身浴」もいいけど
本当のリラックスには適度な明り
暗さと 静けさ、そして
良い香り。

顔の肉もち上がり写真は、誰にも見られないように捨てた!!
フー、ひとあんしん。しかし、この時のハワイは、ほとんど
買い物もせず、戦艦ミズーリとか見てました。
ハワイってもうダメじゃないですか? 買い物的には……。

付けようとして、押し入れの中の物を部屋中に広げたところで朝が来てしまい、何もかもがイヤになってそのまま旅にでたという話もあります。

煮つまり度がうかがい知れて、涙を禁じ得ませんが、問題の濃度によって激しさが増すのは確かです。

でも、だからといって煮つまるたびにベガスでルーレットしたり、マレ地区のホテルに連泊したり、**ハワイでスカイダイビング**[※1]したりするワケにはいきません。

そんなアホな人には、誰も仕事を頼みたくないからです。

大抵の場合「煮つまっている」状態というのは、時間がないことが多い。というか**10**[※2]**パーセント…Soかもね！**

あと、5時間しかないのに、頭を切り換えて作業に取り組まなくっちゃ！　とか、彼とのケンカがパターン化してしまって、今のウチに方向転換しとかないとまずいっす。でも、

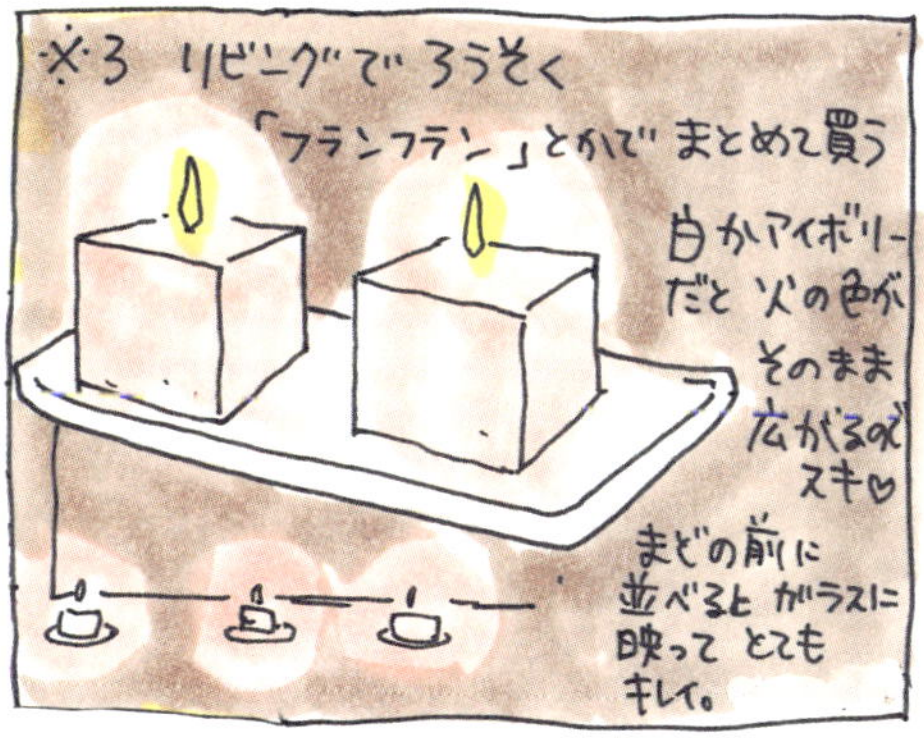
※3 リビングでろうそく
「フランフラン」とかでまとめて買う
白かアイボリーだと火の色がそのまま広がるのでスキ♡
まどの前に並べるとガラスに映ってとてもキレイ。

あと2時間後にはウチに来るのに、自分の気分は……そういつものあの感じ。とか。短時間で気分を変えたい！　しかもガラッと180度。そんな方法はないものか？

私などは、よく1日ネームやって、でもできなくて、泣きそうになって家に帰ると**リビングでろうそく**[※3]を灯します。しかも何個も。

ちょっと黒魔術みたい？　でも、コレが本当によく効くのだ。

まー音楽はかけてもかけなくても、どっちでもいいのですが、とにかく白かアイボリーのろうそくを部屋の各所に置いてその中に座る。ぼんやりとした光と暗闇がまざってとても心地いい。その際アロマなどをたいてもモチロンいいい。

それでハッと気づくと、カーテンに引火する直前だったりして大あわてで消火!!　というスリリングさもこれまたいい（気をつけろ！）。

おフロでろうそく[※4]もかなり効果的。お湯をもてあそびながらろうそくの火に入っていくのは魂《たましい》の旅……。

意識をとばすのが気分転換の大きなキーワードということがコレで判明しました。と、なるとあとは短時間で「飛べる」モノを探せば、気分転換名人として羽生《はぶ》名人などに対抗できるのではナイか!?　「名人」と呼ばれるのではナイか!?　常々何かの「名人」というモノに憧《あこが》れていた私の目は、妖《あや》しく輝くのであった。

「ろうそくブロ」などは、深夜だろうととにかく1回家には帰れるだけの余裕がある時には使えるが、本当に時間のない時は、仕事場から至近距離にある**神社仏閣への参拝**《さんぱい》※5、なども意外に有効です。

「それは気分転換というよりも神だのみなのでは?」というツッコミは却下《きゃっか》です。神社仏閣というのは、クリーンな空間ですから、行けば煮つまってドロドロになった脳がスコーンと抜けることも多い。

しかも、他人《ひと》様の書いた絵馬に目を向ければ「娘が結婚できますように。母」とか書いてあるのを発見。「まさかウチのママのしわざか?」と、青くなる瞬間にまた飛べます。これこそまさに気分転換です。

それも無理、外に行くのは不可能で時間も精神的余裕もない時、そんな時はどうすれば良いのか。

そんな時私は、**①ローズティー**※6**（別名ラブティー）②ストレッチ③踊り④のぞき⑤エロ本**読書の順に実行していきます。⑤は最終手段ですが、大

やっぱ勉強の神様だからなー。しかし、「ぼたん」(鳥すき)とか「まつや」(そば)とか大スキですよ。もー。下町の大人な店に行くのも去年からのブームですね。

※5 神社仏閣への参拝
先日 湯島の「江知勝」にて親友にたん生日を祝ってもらった際についでで参拝した湯島天神でしたが その後急にアタマが冴えておどろいた。
ちなみに「江知勝《えちかつ》」はおきやきのしにせ。建物も古くてステキ
うまい
※6 ①ローズティー
普段は紅茶にまぜて使うバラのつぼみを、それのみでいれたゼイタクなお茶
香りもすごくよくて見た目もすごく美しくお肌にも良い。飲むだけでラブ運アップ!!
②ストレッチ 仕事中みんなでやる
あお向けに伸ばしてく。10〜15分もやるとスッキリ!!
ぐぐー
アタマの上に足をのせよーとしたり。
ワハハ へんなポーズ!!
③踊り これは私しかやらないが!!
好きな曲がかかってる時は踊りながら歩く。
ヘイ!!
④のぞき ⑤エロ本
道ゆく人をウォッチング。あとは江戸の性道をリポートした本を読んで学習。リビドーを刺激すると活性化するような気がするので。
江戸の快楽
ギジュツ的にも学ぶとこ多くて一石二鳥!!
学んでどーする…

抵③ぐらいで転換します。

その他の手としては、フットバス（アロマ入り）、王紋マッサージ（『王家の紋章』を読みながら、マッサージ機にワンセット15分だけかかる）、アシちゃんたちに怖い話をせがむ、などいくつか用意しています。

あまり美人とは関係ないように思うでしょ。でも、違うんだぜベイビー。人は、心に重い暗い荷物を背負っていては、美しくなれないのです。終わらない仕事があっても、彼氏とケンカしてても、人間関係がどす黒いことになっていても、すぐに気分を切り換えてフレッシュになれる人が健康で美しくいられるのです。

そう考えると、気分転換名人になるのはものすごく大事でしょ？

今回この締め切りは、気分転換のしすぎでずいぶんと遅れてしまいましたが、㊥もその怒りは気分転換で吹き飛ばして美を保っていることでしょう。

イヤ〜素晴らしき哉《かな》、気分転換。

2001.7

* column *

モヨコのお買い物日記

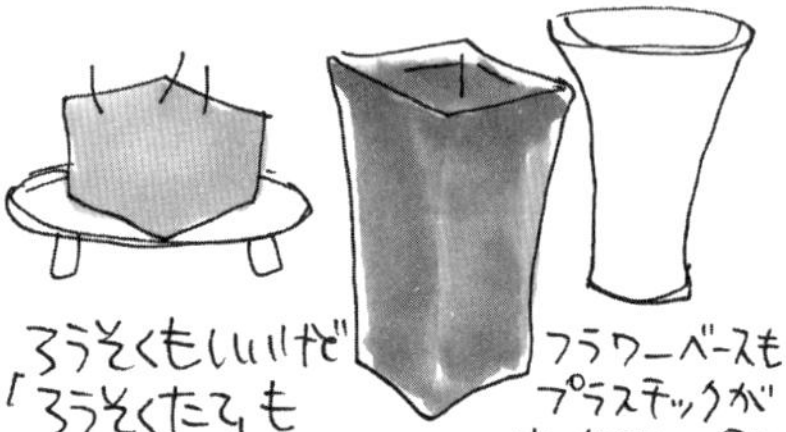

「フランフラン」でお買い物

「フランフラン」で買うことの良さは
「長く使えるいいもの」じゃなくても
「今どきのカワイーものを インテリアに安く!」
が ハッキリしていること。

ろうそくもいいけど
「ろうそくたて」も
安く買えてしかも
カワイイ とこが
すばらしい。

フラワーベースも
プラスチックが
すりガラスに見えて
¥680 にはとても
見えません!!

ベランダ用の イスを
買いに行ったのですが…。
くつろぎチェア ↓ と
すごーく迷って
しまいました。

結局これ↑と ベンチを
セットで買った…。
くつろぎチェアも
いいのだが…
友達が来て
お茶したりする
機会が多いので。
「雨ざらし」を考えると
ムズカシーですね…。
さびてもこまるし。

このイスはアウトドア用の
テーブルとセットで男子に
持ってもらうことにします。

¥7800!!
「フランフラン」は
エライ!

「エエ感じの肉づき」を
可愛く見せる服も作って♡
デザイナーさん

「夏の美しいカラダ」というテーマで今回は進める!! と声高に宣言しながら、あたしが食べているのが明治のおかし「フラン」なのは、一体どういうことなのか。おいしーんだコレがまた。サクッとしてフワ。のちにスイート♡

いいか、みんなよく聞いてくれ!! こんな風に**おかしを食べてちゃ**[※1]ダメってことなんだ!! もぐもぐ。ああおいしい。

ああ、ここまでで5本食べてしまった。やめよう。

そう!! 問題は「美しいカラダ」。

夏と言えば、肌のロシュツも増えると相場は決まっていますが、ただやせてれば良いのか? というのが、最近の私の興味あるトコロ。叶姉妹をまのあたりにしたせいもあるのか、ここのところの私のブームは、「**エエ感じの肉づき**[※2]」。

まー、去年とかハリウッドあたりでもデブばやりでしたが、もうそろそろいいんじゃないのか。やせてなくても。

いや、それでおかしをバリバリいってたワケではないのですが。甘いモノで太った感じと「エエ感じの肉」は、またちっとばかし違うのです。

そう……**例える**[※3]**なら水っぽくもなく、固くもない、うどんの切断前**……とでも言おうか。質感としては。肉はついているけどたるんでもいない。かと言ってボディビル系筋肉でもない。ビミョウなお肉がついてるカラダがいいのではないか!?

そもそも、みなさんだとてご存知のように、**世の男子**[※4]**は7割以上が「モデル並みに細い子より、少しポッチャリした子がスキ」**なわけです。もう何年も前から、何千回にも及ぶアンケートで常に出続けている答えです。

なのに、私たち女子だけがそれを無視して「やせてえよーー」と叫び続けているわけです。

それはナゼか!?　答え：洋服をカッコよく着たいから。

そうです。確かに少しポッチャリめだとどうもアカ抜けません。今シーズ

※3 例えるなら..
「ギョーザの皮のタネが耳たぶのやわらかさ..」
みたいな基準として
おりゃー
うどん
ビターン!!
いや、打ったことないんです。イメージで言ってスミマセン

※1のコレは代官山の「イル・プルー・シュル・ラ・セーヌ」が好き！ ちっちゃくてカワイイ。

モヨコのギャルギャル
KEY WORDS
※1 おかしを食べてちゃ…
最近のヒットおかし キューコミ(まんが)担の広瀬サンが差し入れてくれるメレンゲ!! 雲みたいな食感にやみつきです。
マカロンも大スキ♡
※2「エエかんじの肉付き」
昔の映画や、アメリカのピンナップガールのようなスタイル
顔もけっこう肉ついてて
肩のラインは丸く
手足もかなりムッチムチ! 「デブ」と紙一重ぐらいのとこ
おなかもおヘソの上が出てるかんじ。
ウエストはギューギューにしぼってもヒップはでーん!!と。スカートに横じわ入るくらいがセクシー。
ふくらはぎもしっかりしている
でも手首と足首は細い…。

でも、今年最高だったのは、文春の馬場さんが差し入れしてくれた「バラのケーキ」。ピンクのマカロンにバラのクリームがはさまってて、上には深紅の花びらが……。花びらには、小さくゼリーのしずくが散っていてとても美しい。美しい上においしい！　こういうお菓子は、太らないのではないか？　ニューオータニの1階にあるマカロンの店で売ってるんだって！

ンのヒザちょっと下丈のスカートも、足細足長だからステキだけど、ポッチャリした大根足だと**本当に大根**[※5]。ああ……もっと足が細ければ……。そこでダイエットに向かう大根足。「私、今日から大根しか食べない！」……ごめん、作りすぎた。

とにかく、私がここで声を大にして言いたいのは、太っていてもひきしまってエエ感じの肉であればむしろカワイイ！　ということなのです。

この際、体重はいっそのこと増えても良い。ぐらいの気持ち。それで、むくまないために水分代謝を良くして運動すれば、ただ単に体重落とすよりエエ感じに近づくのでは。

特にウエスト[※6]などは、横向きよりちょっとナナメで見た時が肝心。これは節食してただのぺたんこおナカになっただけでは解決しません。そりゃ、10キロもやせれば大抵の場所は細くなるだろう。だけど、せっかくのムチムチボディは失ってしまう。なんだかそれはもったいない。丸いおしりとか、フワフワの二の腕は**私たち女子にしか与えられてない**[※7]特別オプションで、かなり気持ちの良いパーツだと思います。それを残しつつ洋服の似合う体を作る、のが本当に一番良い道なのではないだろうか……。

私も去年などは、ガリガリになりたい!! ボウのような手足になりたい!!と夢見つづけていましたが、男の子の友人に「女ってすげえよなー……男とキスしたり抱き合ったりできるんだもんなー」と言われて、ふと考えたのです。

彼の言う通り、私たちが普段抱き合うのは男の人。で、すごーく太ってる人を除いて、大抵の男の人はゴッゴッしている。やせた男の人なんて骨が当たって痛い。でも、女の子は抱き合ったりすると、本当にやわらかくてポワポワしているじゃないですか!(締め切りがあけた時などにアシちゃんたちと抱き合ってよろこんだり、親友に泣きついたりわりと女の子に抱きつくのがスキな私)

そんな時、男の人はいつもこの感じなのかー……とちょっとバカシうらやましくなります。そして自分とてその感じを持って生まれたなら、わざわざ失くすことはないじゃないか。ポワポワしつつ洋服も似合うためには、やっぱりある程度のひきしめが必要なんじゃないかと思った次第なのです。

あとねー、これは洋服作っている人にお願いなのですが、やせている人が着てカッコイイのは当然なのだから、**太ってるもしくはポッチャリした子が**[※8]**着てもカワイイく、スタイルが良く見える服**、っていうのをそろそろ作っても良いのではないでしょうかね？　と、おかしを食べつつ今回は終わる。やっぱ食べてちゃダメですかね？

2000.7

※4 世の男子は…
いやホントに
中には やせた女の子がスキ!!と言う人も モチロン いるけど…。
太めの方がスキだ
なんで女はやせたがるの？
フーン そうか……
そりゃーそうだろ
※5 本当に大根。
しかも下がフレアー。これは一番足が太く見えるラインなんです！
ヒザライン
「流行ってるから」じゃなくて「自分がキレイに見えるか」で服選べよ!!
とその上ストラップナシのサンダル
ちなみに足がキレイに見えるのは…。
下がタイトになってるヒザ上10cm
足首にストラップのサンダル
足に自信ない人はコレ!!
※6 特にウエスト
前からもまあOK
横もまあOK
しかしナナメに見ると…!!
ズンドーぶりがわかる角度!!
あなたは大丈夫か？
※7 私達好にしか…
当然デコルテから谷間も！
コルセットで作ったりして。
髪型もアップにセットしたり
昔の女の人みたく女らしさを強調したスタイルにしたい!!
（個人的意見）
※8 太ってる もしくはポッチャリした子が着てもカワイくスタイルが良く見える服
映画「ヘアースプレー」で主人公の子は太っていながらおしゃれ大スキだった。

そういう女の子がカワいくセクシーに見える服がもっと沢山あってもいいのではないか?!

もうシンプルで男っぽい服はアキちゃったよ!!

色と柄だけ明るくなっても…

形自体が女らしい服が着たい!!

ムチムチした女の子がストレッチのワンピース（ちょいミニ）なんて、
カワイくってセクシーでニコニコしてしまうんです。

* column *

モヨコのお買い物日記

DIARY
スーパーマーケットでお買い物
たまには料理でもしようと
思いながら パントリーに行っても
すぐに食べられるモノばかり買ってしまう
ものぐさな私…。
ブルーベリーは
生のも干したのも
大スキ。目にいいし
〆切中 目がかすんだ時
食べて見えるようになったのは
オドロいた!!
お!
てきめんだ!!
ブルーベリー →
干しあんずも
朝ごはんや
オヤツに。
カットしたドライフルーツ
とかナッツの入った
シリアルも
無農薬の
ものを。
コレを買ったら
ミルクも
忘れられません。
MILK
「タカナシ」
のとか
「タ田牧場」
が
よく買う
メーカー
カンヅメがスキで
なぜかイロイロ
買ってしまう。
バナナも非常食
として よく買います。
頭にも良い
らしい。
ただ食べすぎると
太る…。
BIGELOW
I LOVE LEMON
私の大・大・大・好きな
お茶は「ビゲロー」
の「I LOVE LEMON」
アイラブレモンって
名前もかわいくて
大スキだけど すっごくオイシイの!!
ってコレを毎回買ってしまうので
いつも何箱も家にある…。
特に料理をする予定がなくても
野菜はわりといつも家にある方かも。
そしてただ むして、ソースを作って
かけて食べる.
というスタイルが
わりと定番です。
ものぐさ…。
むしただけの長ネギに チーズソース
とか. とってもオイシイですよ!
アスパラ,ブロッコリー
いんげん,玉ネギ
にんにくは,
かなりの割合で
食べる野菜
あとは
長ネギ!!
何はなくとも
コレでしょう。

2000.5

* column *

DIARY

モヨコのお買い物日記

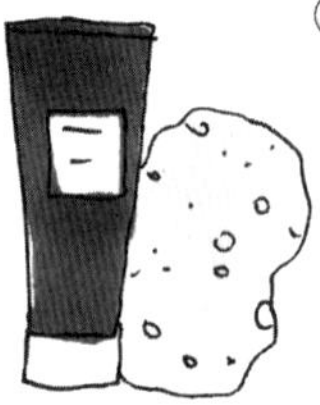

そろそろ夏に向けてのボディケア開始!
というこことで渋谷にOPENしたセフォラにGO
銀座まで行ってた時のことを思えば(遠かった…)
混んでてもぜんぜんOK。

UVケアも考えないとな…
足やせをどーするか…

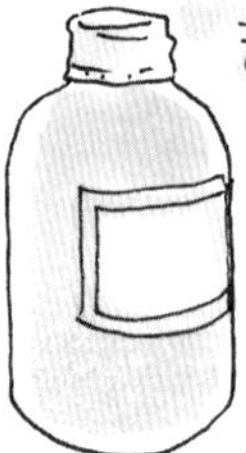

まずバスソルト!!
フロアの一番奥あたりにあるボディケアのブースを物色。結局買わなかったが…
ハーブの入っているバスソルトがいいんだよね。

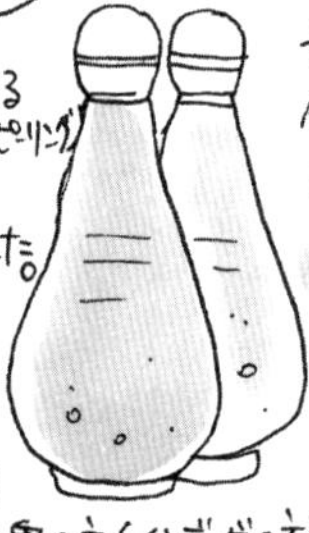

カンケイないが今超気に入っているクレンジング。
セフォラで買ったのですがアイメイクリムーバーと共に愛用。メーカー名忘れたゴメン。
←でもボトルに特ちょうが…。

自宅でできるCP(ケミカルピーリング)のキットも気になりました。

そこのリフトアップ美容液は超ききます!!
フロアの一番奥の方(インディビの方面)に、あるよ〜。

ゲランの「チェリーブロッサム」買ってしまいました。
家で使う香水(休日用)
かわいい香り
(ボトルもカワイイよね)

2000.4

冬の完璧ボディ計画。彼と別れてキレーになる!?その極意は「逆境で爪を研げ!」

ここんとこ、締め切りやぶってまでエステに行っている私です。ロンパースを着ていても28歳……。仕事を離れれば、女子としての人生もあるわけです。締め切り守ってたら、人生は崩壊していくと悟って女の幸せ優先で、と美容道に邁進《まいしん》しているわけです。

……ひらたく言うと男と別れたので、気合入れてるっつーわけです。ううう……。

よく、[※1]**男と別れたとたん**、**キレー**になる人がいますが、「次のを見つけないと!!」という原動力が人をつき動かすのですね。……わかりました。

そんなわけで、友達とメイクの先生に[※2]**キメメイク習ったり**、美容計画たてたり、と美容の奴隷「美容奴」と化した私の美容道を少しリポートさせていただく今回の『美人画報』。

どんなもんかといいますと、3日おきにエステでひきしめてもらって([※3]**マイクロカレント**でね)あい間にピーリング。お金もざくざく出ていくが、この際ハラをくくる。

今のところ、
まだ買わずに
ガマンしてます。

モヨコのギャルギャル
KEYWORDS
通販で「大人用ロンパース」とも言えるシロモノを発見！
フリースであったかいらしく、かなりひかれました。が、こんなの着て楽チン生活しちゃったら女子としては終わる！と思いあきらめたのでした。
←モンダイの足部分
※1 男と別れたとたんキレーに
私の親友も男と別れたらぐんぐんキレーになって、すぐ次の男が!!!
ど…ど-したの アンタ…
誰？
何もしてないよ～
※2 キメメイク習ったり
あいかわらずぼんやりしている（メイク後でも）
なんとかならんかこのカオ…
ぼや～ん
※3「マイクロカレント」言わずと知れた黒デブクロ
やったことなかったけどかなり顔ちぢみます
ちょっとちぢんだ→

だってさー、週4日徹夜して働いているわけなんですよ！　買い物も行けず。何のために働いているのか？　というハナシになるじゃないですか!!　エステ行ってちょっとお金使うくらい……ってそのために徹夜して。何やってんだ？　よくわかりませんが（前にもこんなことあったなー）。

とにかく、効果はかなりあります（当社比）。ワーイワーイとよろこんで、また徹夜（2徹――徹夜が一番美容と健康に悪いっちゅーねん）して香港へ。

もちろん目指す場所はエステ!!

浅野ゆう子も来てたらしい「ティンハウス」[※4]に行って足ぶみマッサージをしてもらう。


ホントは、美顔にしよーかとも思ったけど、仕事あけで肩こってたのでツイ……。リラクゼーションコースにしてしまった。ら、コレがすーごく気持ちよくて病みつきに。しかも、体が血行よくなったせいかお肌もピカピカに!!

やっぱり健康第一。健康は美容の母なのねー!!（だから徹夜よせって……）

フットマッサージも受けて帰国。化粧品もいろいろ買って（あ、でもそんなに安くないのよね、もう）。


だけど、日本にもあんなエステあるといいのになー。世界のいろんなメカがたくさんあって、もちろんマイクロカレントもできるしピーリングもあるし、とにかく種類がハンパでない上に香港だけあって、ツボマッサージも本格的。日本にも、エステと東洋医療みたいなとこあるけど……いまひとつだったんだよねー。マイクロカレントとかなかったし。

新しいものは、何でも揃っていた香港のエステデパート……。誰か日本に

※4「ティンハウス」
知ってる人も多いと思うが香港のエステ。日本語を使えるスタッフもいていかにも日本人観光客向け。でもラクよね。
コズウェイベイにある
天井のぼうにつかまってふまれる
←受付には浅野ゆう子の写真が!!
ギュッ
ギュッ
いでで
ぐえ
メニューを見ただけでも4チュウ
全部やりたいんですけど

も作って下さい。毎日行きます。

あ、それで今度は**美容友達**※5とメイクの先生をお招きして、プロっぽいメイクを教わる。その先生いわくメイクは1回習えばすごくウマくなるんだって。少しずつ上達ってコトはあんまりない。今まで、自分でメイクしながら「なんでココが……」「どーやったら?」って積み重ねてきたことを、プロにきいて答えがわかればイッパツ解決。で、いきなり上達するらしい。積み重ねのなかった私は、あんまり上手になれなかったので、今後積み重ねようと思います。

でも、1回メイク教室にキチンと行って教わると、目からウロコなこともたくさんあると思います。ホント。

普段VOCEとか、雑誌に載ってるメイク術とかちゃんと実践したことなかったらなおさら。ま、あたしなんだけどそれ。

そうやってメイク術も習いつつ、頭は今「冬期脱毛」。冬の間に、全身をこの回の欄外に担当さんが、武田久美子さんについて書いたりしたあと、久美子ブームが……。やっぱり時代は久美子を求めていたのね。

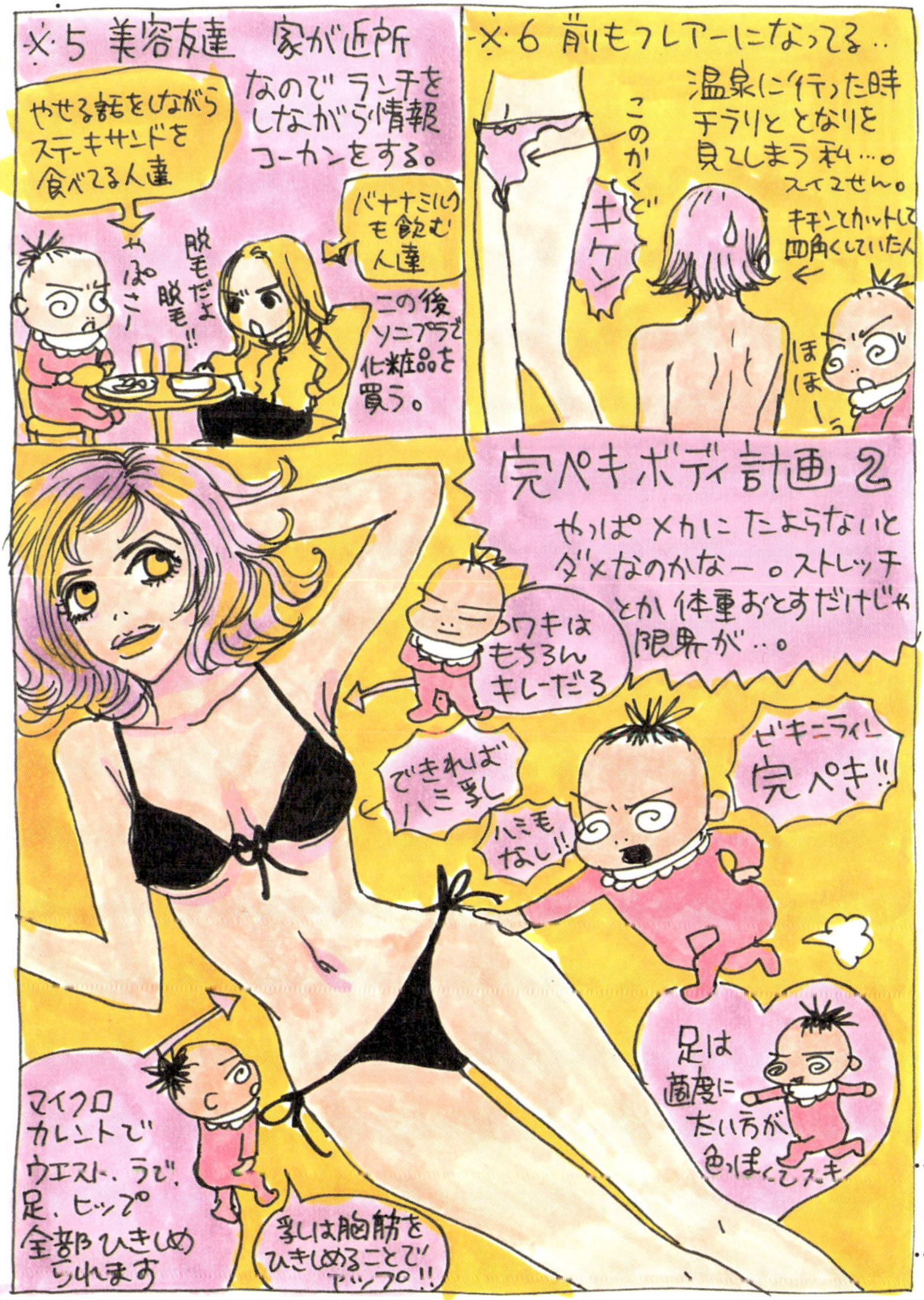
※5 美容友達 家が近所
なので ランチをしながら情報コーカンをする。
やせる話をしながらステーキサンドを食べてる人達
やっぱさー
脱毛だよ脱毛!!
バナナミルクも飲む人達
この後ソニプラで化粧品を買う。
※6 前もフレアーになってる…
温泉に行った時チラリととなりを見てしまう私…。スイマせん。
このかくどキケン
キチンとカットして四角くしていたん
ほほーう
完ペキボディ計画 2
やっぱメカにたよらないとダメなのかなー。ストレッチとか体重おとすだけじゃ限界が…。
ワキはもちろんキレーだろ
できればハミ乳
ハミもなし!!
ビキニライン完ぺき!!
足は適度に太い方が色っぽくてスキ
マイクロカレントでウエスト、うで、足、ヒップで全部ひきしめられます
乳は胸筋をひきしめることでアップ!!

ビキニラインは何回かやってたけど続けられなくって……。
でも、夏終わったらがんばろーっと。

レーザー脱毛しながらやせていく。ってねえよそんな楽なもの!! いや、自分で行くんです。一歩一歩。今は、ビキニラインに注目中。意外とみんなキチンとやっているものなのか? あたしなどは、自己処理レベルだったのでこの際バッチリ脱毛する予定です。

だって**前[※6]もフレアーになってる**、超プリティーなショーツの横から……ってかなりダメ度高いよ。ホント。長くつき合った人と別れるとこーゆうの新鮮ですね……他の人の視点で見るよーになるからね。「守り」の体から「攻め」の体へチェンジしていくんだよね。「守り」長かったからチェンジちょっと時間かかりそーだけど……。

ひき続きダイエットはしつつ、脱毛しつつ、化粧の練習しつつ、美肌のためにエステ行きつつ、あ、あとはバストアップかー。それにしても自分でオドロキ。この必死ぶり。ちょっとオソロシーですね。

美容にいまイチ力が入らないという人は、長くつき合ってる彼と別れてみるのはどうでしょう? ってそんな理由で別れるヤツァいねえか。はーあ。困った、困った……。エステ行こーっと。

2000.1

出す→冷える→むくむ→隠す→あたたまる→スッキリする（見せたい）→出す→冷える……冬は足の輪廻の季節です

めっきり寒くなってきました。昨日もおとといも、私は冬眠風の生活に没入。

[※1]**あたたかいパジャマの上にフリースのガウン**をはおり、あったかくつ下をはいて、[※2]**しょうが湯**を飲みつつ家でごろごろ。ごろごろしながらヘビ少女のように移動。

訪ねてきた母親に「ようかん……ようかん食べたい。栗ようかん（以下栗ようかんを20回つぶやく）……」とうったえる等、完全に内側に向かっていました。「冬眠風」というよりジャスト冬眠か。

しかし、そうして自分の中でこもってばかりもいられないのが人生です。働くとなれば[※3]**網タイツにハイヒール**、革のタ

※4「季節うつ病」
ねむけ・倦怠感、無気力におそわれる。
軽い頭痛などの症状も。
↑つーかコレ…いつもだけど。
小石川植物園の紅葉を観に行っても泣く。
泣けてくる…

イトで出勤して、12時間は机に向かう。

なんかこう書くと、まるで「ひきこもり&ワーカホリックで、かなり病んでる29歳女性のケース」という感じですが、大丈夫。まだ大丈夫です。どこがやねん！

そう、私は寒くなると発症する「**季節うつ病**」[※4]なのでした。人間、いや動物は誰しも気温の低下と共に活動が活発じゃなくなるモノ。寒いと血行も悪くなるし、あんまり動きたくなくなるしね。

あ～、もうこたつの周りに全部持って来て！ つーかコンビニをこたつの周りに。いや、こたつを持って行ってコンビニに住んだほうが早い？

などと異次元の考えに取りつかれて、気づくと2時間くらい経過。そのあ

モヨコのギャルギャル
KEYWORDS
※1 あたたかいパジャマの上にフリースのガウン
ニューヨークで買った超ボワボワな白いパジャマ。手離せないマジで。
ひきずって歩くのがポイント
もうイヤだ…
ズルー〜
※2 しょうが湯
カゼをひいたらこれ!! おろししょうがとハチミツか三温糖で。
体をあたためるので何にでも入れて食べています。
近江生姜
※3 網タイツにハイヒール
最近の基本スタイル
スカートはルシェルブルーで買ったレザーが活ヤクしています。
←髪はグリングリンに巻いて外ハネだぜ。チャーリーズエンジェルを意識!!
※5 ファッションと冷えは切り離せない
なぜにカワイイギャルな格好は布がうすいのか?!
布の量の割に値段は高いし。
↑別モンダイ
まーロシュツが多いし
タイトなほーがモテるしな
ざっし
夏のノースリーブやミニスカヘソ出しも「冷え」をちくせきするらしい。
…と言われてもな〜。
肩が冷えます
←おなかが冷えます腰もね。

夏場も意外に体は冷えているので、温野菜サラダとかにしょうがじょうゆをかけて食べています。しょうが大スキ! そうめんにも大量に入れます。体冷やす系の食事の時は、なるべく多くとるように心がけてます。アーユルヴェーダのクリニックでもすすめられたなー。しょうが。

いだは、こたつをどうやって運ぶか、コンビニ店員とどううまく共存し、人間関係を築くか、知り合いに目撃された時は、どう「自然な感じでここにいる」感を演出するかを本気で熟考《じゅっこう》。

もーホントにやばいって！　なんでそんなことを考えてるかすら、自分でもわからない状態。

しかし、そんなヤバい私の精神も、仕事だ〜い！　とキバってはいた網タイツの跡が、帰る頃にはクッキリきざまれるむくみもすべて、すべての原因が「冷え」にあるということが最近判明しました。みのもんたの「おもいッきりテレビ」で。しかも、それを見ていた友人からのまた聞きで。

「冷えは万病のもと」とは、昔から言われてることなので、今さらみのに言われてどうということでもナイけれど、はっきり言って**ファッション**[※5]**と冷えは切り離せない**と思う30歳目前の私です。

10代の頃は冬でもミニスカ生足でブーツとか割と平気。しかし、今やそんなことをした日にゃー寿命問題に大きく関わるほどのダメージ。

年と共にファッショナブルと冷えをハカリにかけりゃー冷えのほうが重くなり。いや、どっちも重くて悩むトコロではあるけれど、でも冷えで太くなったふくらはぎに網タイツをはいたところで単なるチャーシューです。

ここはひとつ私の長年の課題である「冷え」をこの冬克服!!

まず、前も書いたけど、**足ゆびくつ下**[※6]。コレはかなり見た目的に痛い。その上、予期せぬ来客およびお座敷デートなどの時困る。ストッキングの上からはくわけにいかないしねー。

私の場合、家で着用は当然のこととして（しかしダーリンが来てる時は脱いどきたいが……はいてしまいそうで恐い）、問題は仕事場。網タイツで通勤も多いので、仕事場では脱いで足ゆびくつ下を着用。

しかし、ヒザや太ももは丸裸になってしまい、寒いではないですか。しかも見た目もかなりヤバい。

そこで「**置きスカート**[※7]」「**置きパンツ**」を仕事場に用意することに。トップスによってコーディネートできるし……。

ああ、でも本当はイヤなのよね。そのまま外に出れない格好で仕事するの……。という気持ちの時は、足もとヒーター&腰にホカロン。室内でも下半身は冷えている。あとフリースの長いくつ下をはくというのも手。そこまでやっても長時間座りっぱなしは必ず冷える。

※6 足ゆびくつ下
かわいーのもあるんだろうけど…。
ギョ
これはマズいだろ!!!
※7 置きスカート 置きパンツ
毛布のような生地でできてる巻きスカートと、黒のワイドパンツ。
でも… 慣れるとマズいよねへ〜〜。
フリースの長くつ下はけっこうイイ。
ホカロンは腰!!! 付けたまま外出しないように注意
※8 足首とヒザのうしろ
くるぶしのまわり
足首全体
婦人科系にもカンケイ有
ヒザのうしろも意外と冷えてる。
足全体のリンパの流れに効く
「ねてるま〜に」本文にはナイけど
最近ハマっているモノ。
ユーカリの粉が入ったパックを足ウラにはって寝ると体内の毒素が吸い出されていくとゆうシロモノだ!!!
ハンズで売ってるよ〜
朝はがすとヌルヌルになっている!!
あと 体をあたためる 野菜スープを 朝(昼)ゴハンに!
お湯に「鳥ガラスープの素」を入れて 長ネギと キャベツを入れトロトロになるまで 煮込む。
お好みで ショウガや たかの爪を入れてもグー。
長ネギがポイント♡
※9 自転車こぎ
かなり血行はよくなります!!
やっぱ運動だね〜〜〜。

この冬ほんとうにコレばっか食べてた。
スープにインド豆のムングダールを入れて、豆お粥にしたりして。とっても体によかったよ！

そもそも冷えって、歩く量が少ないのも原因なんだってね。なるべく歩くことにしつつ、家に帰ったら漢方生薬系のおフロであたたまり、オイルでマッサージ。特に**足首とヒザのうしろ**[※8]がポイントらしいので、時間がなくてもそこだけはやって、足ゆびくつ下をはく。で、やっぱり動かしたほうが、ただあったためるより効果があるので、なつかしの「**自転車こぎ美容体操**[※9]」などをしてみると下半身のみならず全身の血が循環《じゅんかん》した感じに。

夜そこまでやって、もちろんももひきがわりのスパッツ（ゆるめ）の上からフリースパジャマを重ねて、昼はミニスカの足もスッキリ！

ああ……、本当に「美」は努力なり。あたしはコレで冬を乗り切ろうと思っています。本当は冬眠したいんだけどね……。グウ。

2001.1

大切なのは生命力のある体！
闘う女はウツクシイ
(㊟言い訳はダメ！)

やせた……。やせたんですよみなさん!! もーここ何年も陰《かげ》でひなたで「デブ」といわれ続け、たまに好意を寄せてくる男子は、自他共に認める「デブ専」だったりした私……(泣くところ)。

この連載でも、いく度となくやせる決意を表明しちゃー、そのザセツっぷりまで克明《こくめい》にリポートし続けていた水分太りの代表選手の私が、ついに合計12キロの減量に成功!! ……先月もちょっとふれたんですけどね。今回は、その経緯を報告させていただくよ。

もうこうなったら、体重も堂々とカミングアウトするけど、私がマックスだった時の体重は64キロ。身長が[※1]**167センチ**なのでそんなに太ってない、と思われるかもしれないけど、なんせ今までスポーツらしいことは何ひとつしたことがない体。だらっとつくのよ、肉が。しかも、代謝が落ちるから水分がたまりやすく、常に[※2]**足がむくんでパンパン**。実際、健康的に肉がついた状態であればそんなに太って見えなかったのかもしれないけど……。

当時、仕事は忙しさのピークで週に徹夜が2回は当たり前。毎日何かの締め切りで1日に取材が2本と打ち合わせ3本とか。とにかく、自分が昨日何をしていたか覚えてないほど働いて、食べないと身が持たない。運動不足で汗かかない。コーヒーはガブ飲み。超不健康に太っていたわけです（しかも、そんなデブ顔でたくさんの雑誌や新聞にロシュツ）。

で、ある日**大高酵素と気功とメリディア**[※3]で4キロ落としました。けど4キロやせたぐらいじゃまだまだデブゾーン。ハンディカムでとらえた自分の後ろ姿は思わず「どすどす」と書き文字を入れたくなるような肉のゆれ。しかも太ももが太いからどうしてもガニマタ。ハッキリ言って醜《みにく》い!!

ここでまた半年くらい行きつもどりつを繰り返したあと、去年の春くらいにストレスで過呼吸になって、3キロ減。

でも、この時私はやせる薬「メリディア」を飲んで食欲をおさえていた（それがストレスだったというウワサも……）。コレ効いたけど、脳の働きが散漫になって仕事出来なくて困った。が、まだ「太め」であることに変わりなく、依然「**Cher**[※4]」の服は着れず。そのまま1年が過ぎました。

その頃取材で出た雑誌の写真集めて「デブ写真集」作ろうかと思った。自分への戒めに。

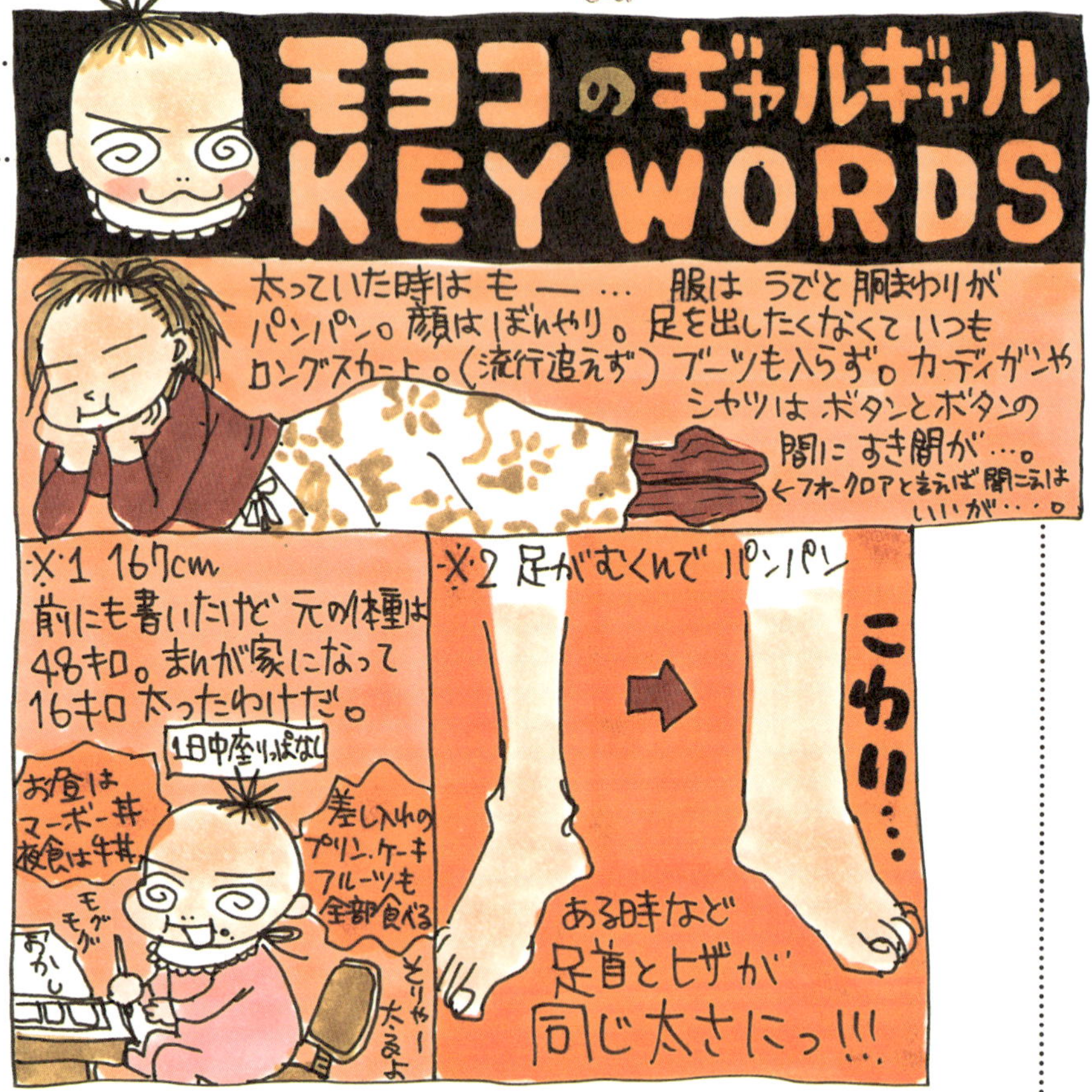

モヨコのギャルギャル
KEY WORDS
太っていた時はもー…　服はうでと胴まわりがパンパン。顔はぼんやり。足を出したくなくていつもロングスカート。（流行追えず）ブーツも入らず。カーディガンやシャツはボタンとボタンの間にすき間が…。
←フォークロアと言えば聞こえはいいが・・・。
※1 167cm
前にも書いたけど元の体重は48キロ。まんが家になって16キロ太ったわけだ。
1日中座りっぱなし
お昼はマーボー丼　夜食は牛丼
差し入れのプリン、ケーキ　フルーツも全部食べる
モグモグ
おかし
そりゃー太るよ
※2 足がむくれでパンパン
こわい…
ある時など足首とヒザが同じ太さにっ!!!

で、今年の5月に私は通っているエステの指導で**「炭水化物ヌキダイエット」**[※5]を実行し、ななんと1週間で5キロもやせてしまったのです！！　ほぼ1日1キロのペースだよ。楽しかったさ！　やり方を教えろ？　まああわてんな。入らなかった服が全部スルスル入っていく時

のあの快感!! すごい気持ちいいのね、やせるって! 試着しても入らないってことないしさー。

で、カンジンの方法はと言うと、朝は、グレープフルーツ½と紅茶。昼と夜は、肉か魚と野菜をスキなだけ。あとは、主食といわれるごはん・パン・パスタ類を一切とらず、調理、調味料にはオイルを使わない。そ

そして今はウワサの「ジュースダイエット」を実行中(「ハリウッド48アワーミラクルダイエット」ソニープラザなどで買えます)。2日間で2〜4キロやせるという話だが。実際どーなのか! でも、2日間ジュースのみよ。あと水を1日1.5キロ。ジュースの味はおいしいので苦しくはナインだけど……。これでホントに明日2キロ落ちたらびっくり!!

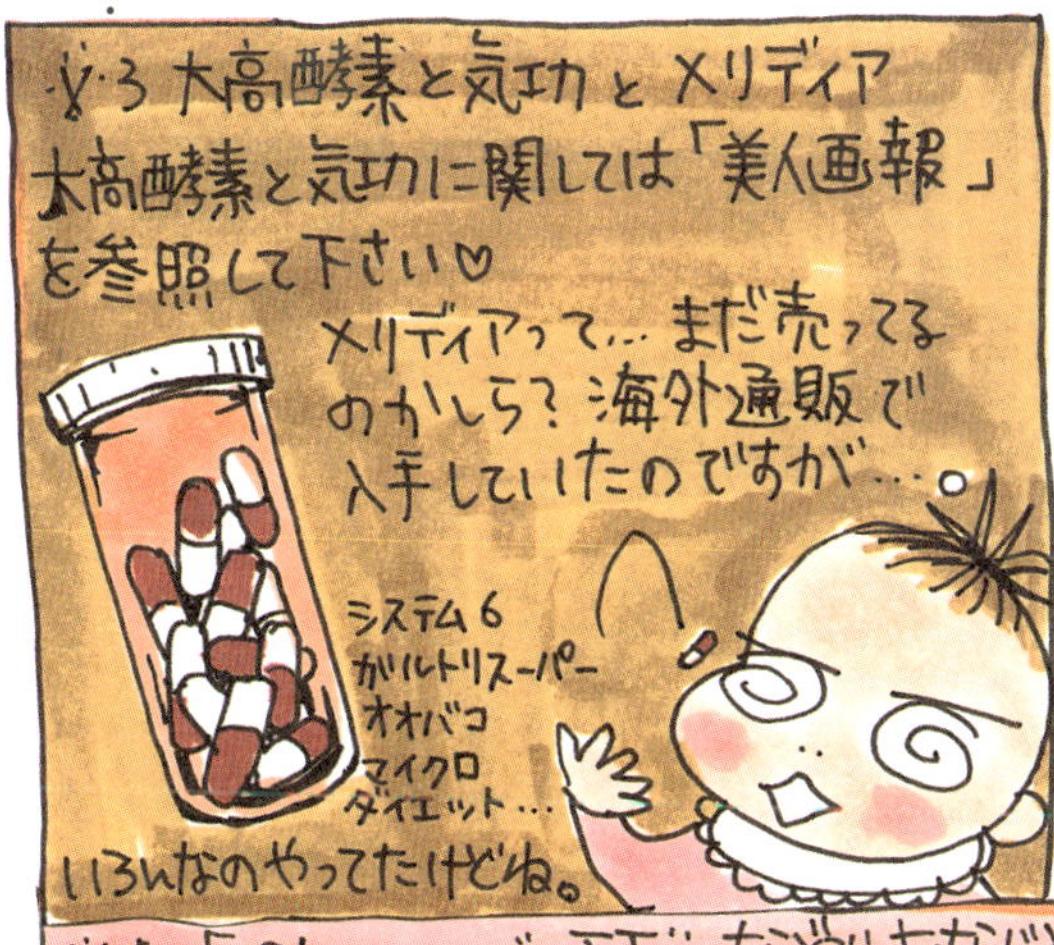
※3 太高酵素と気功とメリディア
太高酵素と気功に関しては「美人画報」を参照して下さい♡
メリディアって…まだ売ってるのかしら? 海外通販で入手していたのですが…。
システム6
ガルトリスーパー
オオバコ
マイクロ
ダイエット…
いろんなのやってたけどね。

※4 「Cher」"JJ"などでおなじみのセレクトショップ。。
「売っている服が小さい」「店員は1キロ太ると給料が1万落ちる」など街でうわさ。ホント?

ざっくりニットとか…デブにはツラいのだ。

アクセサリーとか今年限りのベルトとか安くて何コか欲しいモノはここで買うことも…。

事務所が近いんだよね〜〜。

色がキレイでカラフルなのがイイ

れだけの超カンタンダイエットで7日でマイナス5キロ!!

もちろん、少し歩いたりもしたし、エステで低周波のメカに入ったりもしたけど……。サクサクやせて本当に気持ちよかった！　そして「やせること」に熱中したあまり、さらに3キロの減量を計画。しかし、そこで周りからは「もうよせ」の嵐。自分の満足を追求していくと、どうも人は「もっと細く!!」という方向に向かうらしい。だってまだやせたいもん。胸とかカップ落ちてんのに、関係ないんだよね。もっと細い自分が見たい!!

……しかし、そんな私が思い直したのは、**女子プロ**[※6]を観て「美しい体」の基準が変わったから。肉はついていても、たるんでなく筋肉ブリブリでもない。スジばってもない。特に美しいのは井上貴子選手とKAORU選手。VOCE読者は女子プロなんて興味ない人が多いでしょう。

でも、ひきしまった筋肉の上を女性らしい脂肪でコーティングされた体の美しさは必見!!　しかも、胸筋が発達して胸の開いたドレスもきっとゴージャス!!　日本人の女子は外国製のドレスを着ると大抵貧相になっちゃうもんね。

そんなわけで次は私、体をきたえる方向で「健康な肉づき」を目指します。もう「スマート」の時代は終わった。（あれ？　あたしだけ??）

2000.12

※5 炭水化物ヌキダイエット
指導してくれたのは「ボディ・フリーク」のしのづかさん♡ エステもここに通っているのだ。
朝
グレープフルーツ1/2 & 紅茶
週に1日ずつ フルーツ食べ放題 ＋ヨーグルト
昼の肉をゆで卵2コ
に変更可
なれると胃が軽くて快適よ♡
ゼッタイやせさせます!! 自信アリ
昼&夜
うどんやそばもダメだぞ～
野菜は塩コショウとかレモンで…。マヨネーズはもちろんダメ!!!
ノンオイルさえ守れば肉も魚も食べ放題
酒も禁止です。
野菜も芋類やアボガドはダメだよ～ん
※6 女子プロを観て～
クラッシュギャルズが再結成されて「クラッシュ2000」となり、最近また盛り上がっているらしい。てゆうかあたしはハマってます。
わー
S社のさいとーさん。
行けー ぶっころせー
現在「ブラックジョーカー」の一員としてもピンでも活ヤク中
井上貴子選手
姿も美しいが動きも美しくかっこよい!
KAORU選手もかっこいい。まず動きが美しい。コスチュームやメイクが「いかにも」な女子プロ風じゃなくてセンスいいんですよねー。
今の私はこのお2人を応エンしています。
とちなみにプラセンタもここで買ってます。

お問い合わせの多い「ボディフリーク」はホントに普通の街のエステ。私はココでやせました。まつげパーマもココです。愛用中のドリンクも化粧水もココで買っています。『美人画報』のネタの多くは、しのづかさん提供なのだ。ちなみに今は彼女が開発したマッサージオイルを愛用中。ハチミツと塩とオイルでできてるナチュラルなもの。足がスベスベになるのよ～。ボディフリーク　tel.03-5420-6200

美の欲望はとどまらず!!
流れ、流れてコロン
(香水じゃあない)の巻

※1 一体どこまでやれば…
わからない…。キリが無い…。
もしかして気が済むと言うコトは無いのかも。

まるで エステのような美しいサロン
コロン・ハイドロセラピー 青山メディカルクリニック

一体どこまでやれば[※1]気が済むのか……自分よ。

そんな気持ちで満ちあふれながら、私は青山のコロン・クリニックに向かった!!

コロン・クリニックのコロンは、香水でもなければ昔なつかしいおやつでもない。ああ、そうさ! 直腸洗浄さ!! ダイアナ妃もやっていた機械的浣腸。

VOCEの記事で見て以来、常に頭にはあった。いやもうむしろ、やりたかったと言ってもいい。

でもネ……やっぱり勇気がネ……。アカの他人に、肛門に

何かをつっこまれる[※2]わけですから。そこらへんの「いきなり飛び越え感」は、すげぇですから。

けれど、『美人画報ハイパー』が出る、という強力なタイミングがあったので、ツイに未知の世界へダイブ！　できたというわけです。

腸の中には[※3]、多い人で3キロ以上もの宿便がつまっていることはみなさんもご存知の通り。それをキレーさっぱり、スッキリとり除けたらどんなに気分良いか。ムフッ♡　お肌の調子もよくなって、3キロスリムになれたりした日にゃ、焼き肉食い放題だぞ！

なんて本末転倒なことを考えながら、気づけば無防備にも、見知らぬお姉さんにジェルをぬられてチューブを入れられていました。ギャー!!

「ゆっくりお水入っていきますネ〜」

体温と同じくらいのお水が、ゆっくり腸に注入されていくのがよ

※2 何かをつっこまれる
"スペキュラ"と言うものらしい。
痛みは無いです。異和感も最初だけ。
入れられた感じでは…
リコーダーみたいなモノか？

※3 腸の中には…
こーゆう図にナンバーが打ってあって
①
②(とか)
それぞれがツボらしい。
←こーゆうヒダの間にたまってるのが
宿便だ!!

くわか……。待って！！　待ってくれ!!

これは……夏なんかに**朝[※4]から何も食べてないのに、昼アブラっこい物**を冷たい飲み物と共に摂取して……ちょっと冷や汗？　そこにクーラーでダメ押し？　トイレでおなかを抱え半目になって……キャー!!　下痢と同じ感じ！！！　なんとも言えないしびれ感とトイレに行きたい！　めちゃめちゃ行きたい！　でもトイレない!!　な感じが、ないまぜになって全身をおそう。

私……ボンヤリ横になっていれば、自動的に洗浄されて優雅に帰れるものだとばかり思ってました。違うの!?

「人によってはアブラ汗を流して苦しむ方もいますし、スヤスヤと眠ってしまうくらいになんともない方もいらっしゃいます」

ガーン……。アブラ汗こそ流してないものの、**限[※5]りなく**下痢な状態の私。苦しみの先に美はあるのか……。

と・こ・ろ・が次の日の肌を見てガク然。白い!!　キメも細かくなってる!!　吹き出物も消えてる〜〜。イヤ〜〜。しかも帰ってから、宿便らしき緑の

※4 朝から何も食べてないのに昼アブラっこい物…
例えばカレーとかね
例がお約束ですみません

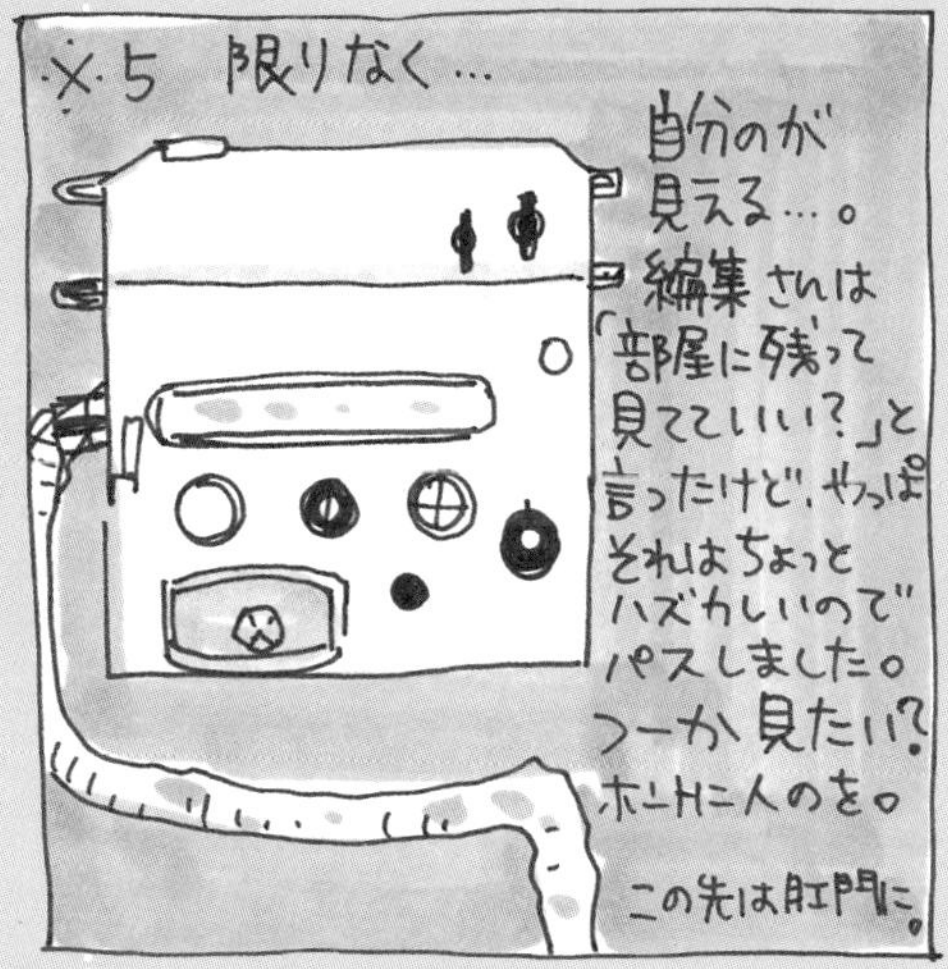
※5 限りなく…
自分のが見える…。
編集さんは「部屋に残って見てていい？」と言ったけど、やっぱそれはちょっとハズカしいのでパスしました。
つーか見たい？ ホントに人のを。
この先は肛門に。

モのようなヤツらが出たりして。おなかもスッキリ。肩も軽い。イヤ〜〜〜〜ン。

あまりにも苦しかったので、帰りしな次回予約を入れつつも、もしかしてバックれるかもしれない自分を思い浮かべていたのに。

行く。多分……いやぜってー行く！ それくらい最近の美容道の中では強力な体験でした。

そして思った。やっぱ内臓？ 胃？

食べ過ぎの人ってむくむらしいね。まーあたしのことなんですけどね。

今まで、夜は少ししか食べなくても、寝る前のストレッチをおこたると即座に翌朝むくんでいた私。

それがさー、直腸洗浄したらむくまないのよ!! 消化吸収って代謝がよくなるから水ハケがよくなるらしいのよ!! も〜早く言ってよ！！！

こうなってくると腸の中に何か入

れるのがイヤになるっていうモノ。

クリニックの院長[※6]（**美女**）も「今日食べすぎたから洗っとこーって感じですよ」なんて言ってたしね。

このスッキリ感をキープしたいので、もう今日は断食!! でも水はたくさん（1・5リットルくらい）飲むのよ。なんて言って事務所に帰ったら「**やせるジュース**[※7]」が話題に!!

※6 クリニックの院長（美女）
やっぱ腸がキレーだと美しくなるのか。
おハダキレ～
何者？

早速、近所の「Ｂｏｏｔｓ」に買いに。またしても速攻すぎる南南東!!（安野モヨコ事務所の名前）「48時間で2～4キロやせる」というフルーツジュース8800円ナリ。ちょっと高い。しかも、ジュースと水しか飲んじゃダメなの。だけど、2日間で2～4キロだよ！ 当然やるですよ。宿便とっても体重って実はそんなに落ちないしね。相乗効果を期待するワタシ。

そのジュースは、アプリコットとオレンジ足したみたいで味はおいしいこ

とが判明です。でも、2日間摂取していいのは、ジュースと水だけ……。直腸洗浄しておナカスッキリ!! な上にジュースダイエットってやりすぎ?

しかし、そんな心配は杞憂《きゆう》に終わった……。

なぜか途中から暴力的食欲に支配された私は、ジュースダイエットいきなりザセツ! 普通以上にがっつりご飯を食べてしまいました。

そう……多分。多分なんだけど急に今まで在ったモノ(宿便)が失われて、

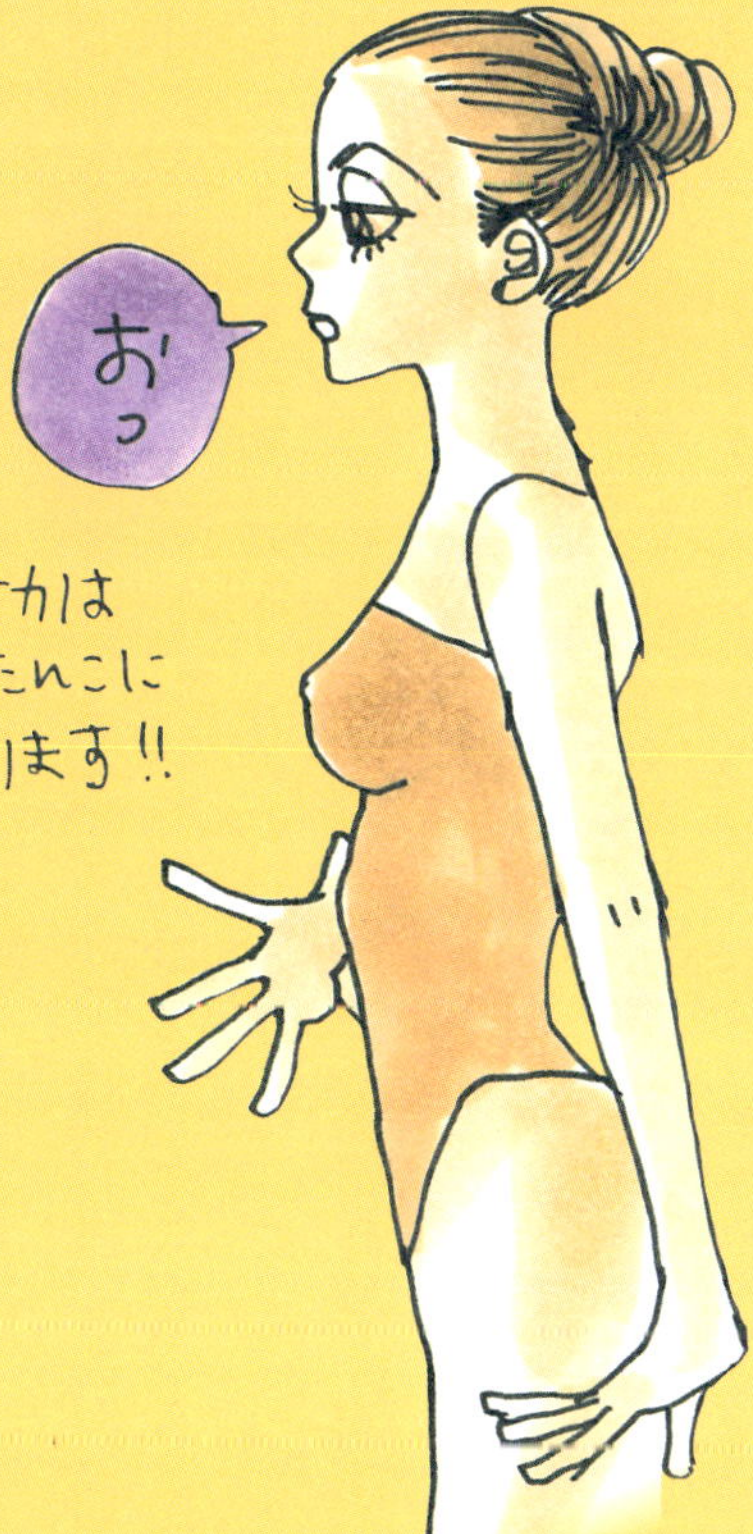

※7 やせるジュース
段バラを思わせるボトルの形…
Lose Up To 10 pounds
In 48 Hours!

淋しくなった腸がいそいでもとの状態にもどろうとしたのではないか、と。

イヤ〜〜〜ン。ダメよ！！　キレイなのが普通の状態になりたいのよ!!

しかし、体はそう簡単に新しい状況に慣れてはくれない。「キレイな腸」をレギュラーにするために、私は今日もコロン・クリニックに通うのであった。

そして、キビしい下痢状態にもたえるのであった。どこまでやれば気が済むのか……自分よ！　と。多分、ジュースダイエットも再度チャレンジします。ハ〜〜。

今回安野さんが行った
コロンハイドロセラピー
青山メディカルクリニック
tel.03-5771-8811（予約制）
診療時間
平日 10:00〜20:00
土・日・祝日 10:00〜18:30
ホームページ http://www.iris.dti.ne.jp/~aoyamamc/
初診料 ¥5,000
処置料 ¥20,000（消費税別）

* Specially written for this *

コロン・ハイドロ
セラピーにしても
ジュースダイエットに
しても ポイントは
水。
しかし 1日で 1.5ℓって
けっこうあるよね…。

* column *

モヨコのお買い物日記

DIARY
最近話題の
武田久美子さん
私はけっこう前から
理想のボディとして
注目しておりました。
「日本人の女の人」らしい体。
まだ使いはじめだから
効果はわからないけど
楽しみ!!
そんな彼女が愛用している
というボディケア化粧品を
読者の方から教えていただき
さっそく購入!!
太りにくい体質になる
入浴剤
← 遠赤ストーンが
あみに入っている。
セットのパウダーも入れて
入浴すると通常の3倍も
発汗するらしい。
インターネットで
通販してますよ。
けんさくして行って
みて下さい!
多分これで
行けるハズ。→
Si BODY
(シーボディ)
Si BODY
デイリーコンシャス
フォーレッグスーパー
￥5000
むくみ防止と
たるんだ脂肪などに
効果が…。 ← そりゃ買うでしょ!!
他にもスリミング系
ボディケアが
いっぱい!!!

2000.4

Fashion
Make up
Diet
Health

Travel Meeting

Trend
Love
Style

衝撃の課外授業（その１）
「ついに……ビューティモンスター叶姉妹降臨」

　ついに……やってしまいました。やって姉妹ました……と書くべきなのか。お会いしましたよ!!　あの方たちに。

　各界のコスメ好き、美容好き、ゴシップ好きから女好き、多種多様なスキ者たちの注目を一身に集めたおふたりに。そう、その名は叶姉妹!!　シスターズオブビューティ!!　英語まちがえてる？　いいの。日本語で書いてるから。

　そう、あの日は2月の寒い水曜日。美しい姉妹はやってきたのです。と、言ってもまず**妹の美香さん**[※1]が先に。

　目をうばわれる私たちVOCEチーム。その足の細さ!!　長さ!!　そして何より「あんた……スッピンでその顔って……」と、片ひざたててつめよりたくなるノーメイクの美し

モヨコのギャルギャル
KEYWORDS
今回 叶姉妹を取材するに当たって編成されたVOCEチーム!!
↑大げさ…
担 小林(愛妻家)
敏腕ライター小田島
バイト 小林(女)
どんな時でもロンパース! 赤んぼマンガ家 安野
※1 妹の美香さん
← ノーメイクとは思えない美しい肌
またこの姿勢がキレイなんですよ…。お客さん。
※2 涼やかな声!!
発声、話し声、抑揚、完ペキです。美しいのです。もう男子は吸い込まれそうです。
くらっ
?
しっかりしろ!! 小林くん
激細!!激長!! ナマで見るとひとしおです。
MCMのスーツケースにワードローブを入れて持ってきてくれました。
たかそ…!

さ……。こちとら時間かけてもこの程度……。

いや、やめよう。今回はワタシ、自分を落として「すげえよ、スゲェあん

あいかわらず美しいおふたり。「素人じゃない美人」というのが、
この後私のテーマになりました。だって……その形容がピッタリなんだもん。

たは」とか言うのは一切やめて、二人の「美」パワーを吸収することにのみ集中しようと心に決めていたハズ!! しかし、そこで「はじめまして」とほほえむ美香さんの[※2]**涼やかな声!!** 声までも美しいわけさ。いや、コレは発声自体が美しいと言わせていただこう。

ここまでで、すでにぼんやりしている私たちに、追い打ちをかけるように……あのお方が……。エレベーターが開いた瞬間から空気の色が変わるほどの圧倒的な存在感……。恭子さんの登場です。

私、実はもっと[※3]**大きな人だと思っていました**。何しろダイナマイトだと。でも実際にお会いした印象は「細え~~……」。

細いんです!! あんたたち!! 女性週刊誌見て「胸あるって言ってもね~けっこ~肉ついてるじゃん」とか「確かにキレーかもしんないけどさ~」とか言ってたんじゃない? 言ってただろう!! ここに来い!! そして対面してみろ!! [※4]**絶対に絶対に負け**。

あたし常々思ってるんだけど、テレビに出てる人とかに対して「エ~そんなかわいくないじゃん。つ~かブス!」とか言う人って、実際並んでみて欲しい。並んだら絶対!! お前のほうがブスでデブなんじゃ!! いや、もちろんあたしもだ。

そう、それはいいとして、問題は目の前の!! 叶恭子さんは細く、顔も小さく、そして全身から「美」のオーラをみなぎらせているということだ。みなぎらせてるって表現はちょっと違うか……なんとゆーか、あふれてそこらへんも「美空間」にしてしまう感じ。ほめすぎ! と思う? 思うなら会ってみろ!(2回目)

何回も言ってゴメン。読者代表として私が会いに行ったとゆーのに……。

おふたりが衣装を替えに控え室に入ったあとざわめく私たち。

「キ……キレ〜」。もはや質問事項は、忘却の彼方へ。どんな生活を? どんな化粧品を? 下着はどこのメーカーを??? ききたいこと、きくべきことは山のようにあったのに。まるで先輩に告白しようとする女子中学生。

それにしても**毛穴ひとつ見つけられない**[※5]ほどの完ペキな恭子さんのお肌ときたら……。

しかも、この時体調があまり良くなかったという話。それでこの肌かい!!

またしても片ひざを立てそうになるのを抑えて、**撮影開始**[※6]。

半円を描くスタジオの階段に降り立つおふたり……。

※4 絶対に絶対に負け　とゆーか 勝負する気に　なりません。
まぶしい
ピカー
あう
現れた時
光が!!
マジで。
エレベーターの電気かな…
※5 毛穴ひとつ見つけられない
実はこの前日、友人に「毛穴を探せ」と言われていた私。
陶器のようでした…。
しかも薄化粧
毛穴…
どこ？
ない…
※6 撮影開始。
かなり準備に時間がかかり、押してしまった…。
が!!「めかす彼女を待つ男」と化したVOCEチーム。
それすらも幸せ…みたいな。
たのしみだよ…
※7
素晴らすぃー
以下次号!!!

今回ヒクツになるのはやめよう、と心に決めたにもかかわらず、「この二人の前ではいくら同じ女性と言い張ってみても、地下牢に閉じこめられ鉄格子をゆすって、奇声を発する原始人に過ぎない私……」とまでいきなりへりくだってしまいました。海抜５０００キロ。はるか天高くおわします美神二人。神じゃないけど。ドレスの色もピンクと若草色で季節的にもピッタリ。

「素晴らしい!!」[※7]と心から叫ぶ私たち。

心から「素晴らしい!!」と言えるなんて、年に何回ありますか？　それも他人の美しさに。ああ、もうエエもん見せていただいた。それじゃあ帰らせていただきます。とフロしき包みを抱えてぞうりをはきそうになりました。いつもはポーカーフェイスの担当小林青年も放心。しかし、本番はここからなのであった。私たちが本当に驚嘆するのはここから。

……とりあえず前半はここまでだが、感想として、「いいじゃないか、ここまで美しけりゃ!!　文句言うなよ!!」という世間に対する思い＆美しいもの、美しい人を見れたことへの幸せと感謝、でした。はい。オッサンのよーな私でスマン。つづく。

2000.5

* column *

叶姉妹
「美の秘密」大公開!

●ご存じヴィトンのメイクボックス。美の達人に選ばれし中身たちは数万円のボディケアから、ロスのドラッグストアで発見した数百円のアロマスティックまでと幅広い!

美の達人の愛用アイテム!
キレイはここから作られるのだ

美とは健やかな闘いなり——叶姉妹のポリシーはこれだ。努力なしに美はありえず、何よりプラクティカルな実践が必要なのだ。生まれたままのお姿に恵まれ、美を維持する財力にも不足のないおふたりだが、それ以上に「美への意志」が強く存在している。「欧米の女性と比べ、日本女性に欠けているものは?」という質問に「自己管理です」と答えた恭子さん。彼女が紹介する美のメチエに夢中になっている私たちだけど、必要なのはやはり精神であり、あらゆる角度から美を考えられる知性なのだ。そういう点で、叶恭子さんは、カリスマ的なインテリジェントの持ち主。つねに自己と対話し、最大限の美を表現する……彼女のいう「自分フェチ」とは、この上なくハイ・クオリティな生の哲学のことなのだ。

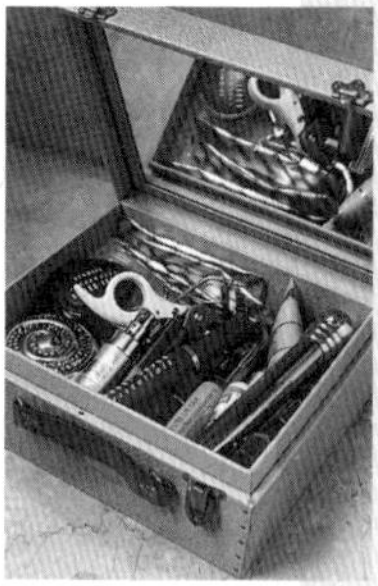

●上はメイク小物入れ。奥に見えるのは肉体保養効き目大、キノコが原料の粉薬アガリクス。

●そして安野先生陶酔《とうすい》の「ラバスティ」と、ディオールの新ネイル、ヴェルニディオリフィック741番。

●下はパーツごとに使い分けられているボビイ ブラウンのブラシの数々。

photo 永野佳世
text 小田島久恵

衝撃の課外授業（その2）「叶姉妹の美の真髄を見た！」

先月にひき続き叶姉妹の取材の模様をお届けいたします。と言っても、実際にお会いしたのが2月。

ただでさえ**シナプスの接続が悪い**[※1]今日この頃の私なので、ハッキリ言って細かいことは覚えていません。

しかし、2ヵ月たってなお、心に強く焼きついているエピソードがいくつかあるのでそれを中心に、「なぜ叶姉妹が美しいのか」を考察してみたいと思います。

撮影が開始されると、室内の乾燥からか恭子さんは目が痛くなられた様子。早速メイクさんに目薬を持って来てもらって点眼です。

ここで私は、まさに目を見張りまちたよ!!　恭子さんは**背すじをシャンと伸ばし**[※2]、**片方のヒザを少し曲げた姿勢でななめ45度の角度に上を向き**、**目をパッチリ開けたまま**目薬ひとしずく。その後1〜2度ゆっくりとまばたきをして何事もなかったようにもう片方へ……。

あのさー、**あたし目薬って**[※3]苦手というのもあるけど、口開

モヨコのギャルギャル
KEYWORDS
※1 シナプスの接続が…
物忘れが激しく3日前のことなど全く覚えて無い。

先月描いたハッピーマニアのストーリーすら覚えて無い。

ストレス過多？ アルツハイマー？ 生まれつき？

小学生の時も忘れ物が多くてよく怒られたが。

大丈夫か こいつ…
※2 これがキョウコ's 点眼スタイル
シャキーーン!!
45°
まるで目薬のCMを見ているかのようです。
※3 あたしの点眼スタイル
①
へっぴり腰
②
ポタ!!

ピク!!
③
どこ!!
しみる
ティッシュティッシュ
子供らしさ全開…。
※5 ブス角度
それにしてもみなさんから言われる「美人画報」にも載っている私のあの写真…。うつろな瞳、ぼんやりした表情。

(うつ病…)

「こんな写真をのせるなんて勇気あるよね!!」と ホメられる始末。ブス写真界でもかなり強力な作品なのではと自負しています。

これが現在の最悪ヘア!!

とキャプション入り
ほんとにヤバいよな…。

叶姉妹から受けたエーキョーは数知れず。リップもラインだけひいて透明のグロス、まゆげはカッチリ描いてマスカラはパッチリ。「色をのせる」ことよりも「美人に見せる」ことにすべてのポイントを置くメイク。まったくもって素晴らしい。

けちゃって片目はギューッと閉じているから、さすほうの目を指で広げてポタリといったあかつきにはビクーンと肩を上げてしまうワケなんですね。自分で見たことないけどたぶんマヌケ。なハズなんですね。

でも、わざとじゃなくて、自分が自然に選んでいる動作なわけ。目薬さしている時って無意識に近いでしょ？

それなのに美しいっていうのは、その人が美意識をスミズミまで張りめぐらせているか、もしくは持って生まれた動作が美しいかのどちらかと言うことでしょ。

そして、そのどちらであっても素晴らしいことじゃないですか!! 私は、その点眼が今まで見た人の点眼

※4 シャッターごとに
カシャ
本当に少しずつ角度や表情が七変化見事です。
カシャ

姿の中で一番美しいと感じました。そして思ったよ……次に目薬をさす時はあの姿勢で!!（後日チャレンジ。しかしできませんでした。口は閉じたけど）

そしておふたりそろっての撮影が始まります。**シャッターごと**[※4]に少しずつ表情や角度を変化させていく恭子さんと美香さん。

それがね!!　本当にいくつもの表情と目線のバリエーションがあるのにすべて、自分が美しく見える角度をハズさないという感じなの。

写真で**ブス角度**[※5]って誰しもあると思う。けれど別にプロのモデルじゃないんだし、自分はこの程度なんだから仕方ナイ……と思うところが私の基本姿勢でした。

でも、ここでも間違いを発見。自分の美しくない写真の存在を許してはイケナイのです!!　そこまですることが、このおふたりの美を形成する大きな力のひとつだと思うわけです。

いや、もちろんもとが美しいから、そーそーブス写真はとられないと思うけど、「常に一番美しい自分」であろうとする心、が重要なんでございますのよ。

自分がキレイに見えるポーズ、角度、**ひいてはメイク**[※7]やヘアスタイルを把握することが、「美」につながっていく……おお!!　ホラごらんなさい!!　叶姉妹のことをちょっと考えただけで、美のルールにたどりついてしまうではないですか！

だってね、恭子さんも美香さんも**自分が一番美しく見えるスタイル**[※6]が「自分のスタイル」になっているから美しいのよ。って当たり前のことをエラそーに言っているようだが、流行のメイク、流行のファッションを上から下までバッチリ決めていても、その女の子は「流行にビンカンな人」なだけで、決して「美しい人」とは言われないと思う。私だったらそう思ってしまう。

やっぱ自分が一番キレイに見えるスタイルを研究していくことが一番だ。それは**美香さんのメイクボックス**[※8]を見せていただいてもわかりました。おふたりは、もちろん新しいものもくまなくチェックなさっていたけど、その中で本当に自分にとって有効なものをセレクトして使っていく（高い安いじゃなく）。

次々と出る新製品を追いかけ続けていても、実際にそれが本当に自分に効いているのかわからないよーじゃダメだ！　それって「新製品を使っている自分」に満足してるだけだよね。

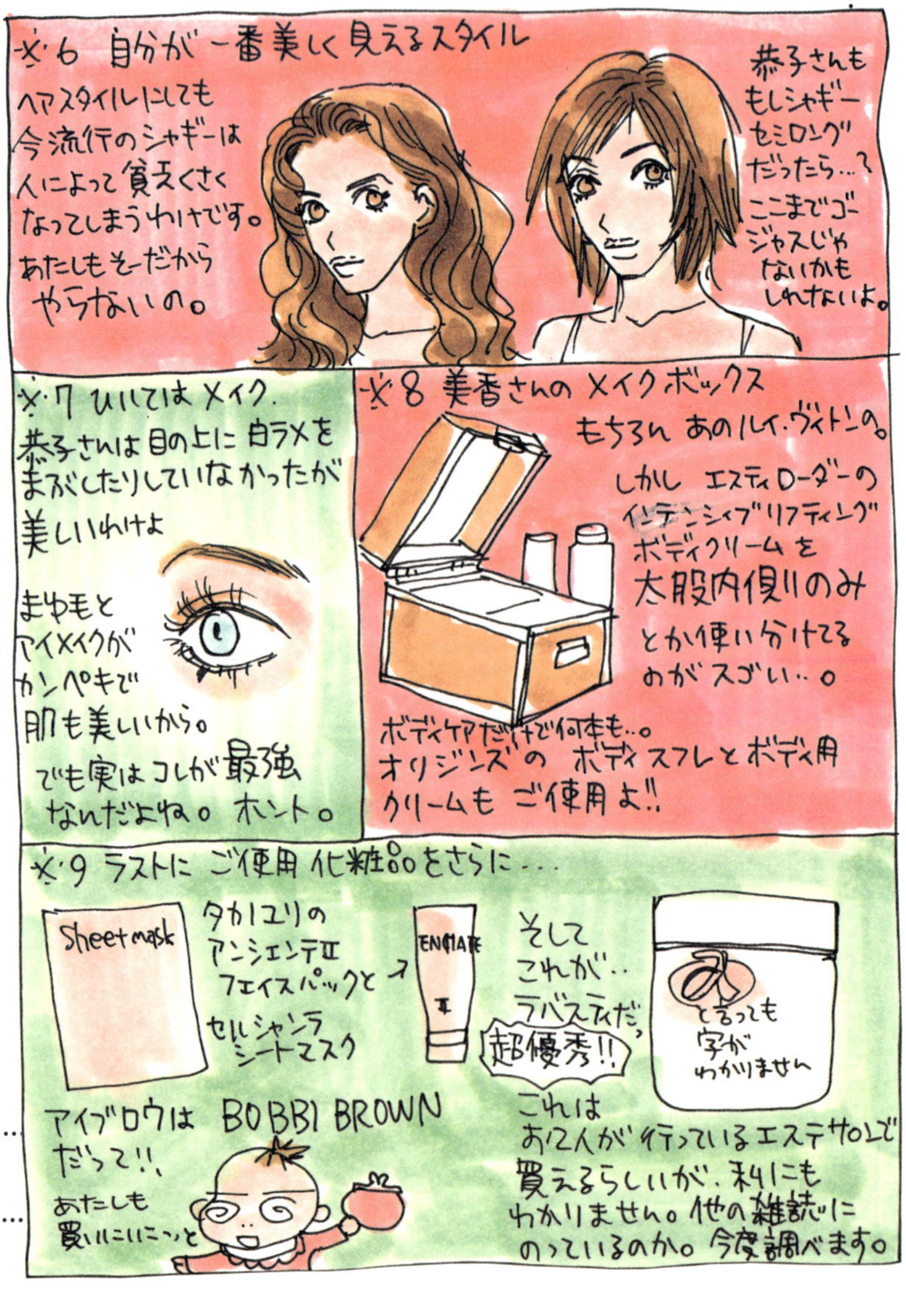
※6 自分が一番美しく見えるスタイル
ヘアスタイルにしても
今流行のシャギーは
人によって貧乏くさく
なってしまうわけです。
あたしもそーだから
やらないの。
恭子さんも
もしシャギー
セミロング
だったら…?
ここまでゴー
ジャスじゃ
ないかも
しれないよ。
※7 ひいてはメイク。
恭子さんは目の上に白ラメを
まぶしたりしていなかったが
美しいわけよ
まゆもと
アイメイクが
カンペキで
肌も美しいから。
でも実はコレが最強
なんだよね。ホント。
※8 美香さんのメイクボックス
もちろん あのルイ・ヴィトンの。
しかし エスティローダーの
インテンシブリフティング
ボディクリームを
太股内側にのみ
とか使い分けてる
のがスゴい…。
ボディケアだけで何本も…。
オリジンズの ボディスフレとボディ用
クリームも ご使用よ!!
※9 ラストに ご使用化粧品をさらに…
Sheet mask
タカノユリの
アンシェンテII
フェイスパックと
セルシャンテ
シートマスク
ENCIATE
II
そして
これが…
ラバスティだ。
超優秀!!
み
とるっても
字が
わかりません
アイブロウは BOBBI BROWN
だって!!
あたしも
買いにいこっと
これは
お2人が行っているエステサロンで
買えるらしいが、私にも
わかりません。他の雑誌に
のっているのか。今度調べます。

しかし、コノ使い分けは真似できね〜。

このラバスティはマジで効くです。

いやー……本当はもっといろいろお話の内容とか紹介したいんだけど、友達への電話みたいになってしまうからね……。「美しく生きるためにこれはしないってものは何ですか?」との質問にキッパリ「ムダな恋愛」とお答えになった恭子さん。ナミダする私、とか。

あとねー、おふたりが10年来愛用のバストケアクリーム「ラバスティ」をその場の女子全員にくれたの。なんとゆう太っパラ、かつ優しい方たちなのか。しかも、このラバスティがすげー効き目じゃないですか。助けて。胸のハリがまったく違います。これは私ももう手放せない! と同時に恭子さんの新刊も買いにいかなきゃ!!(スッカリただのファン……)

最後に例の一言で終わりたいと思います。「美は一日にして成らず!!」

2000.6

課外授業スペシャル「夏の旅。『美』は自分への集中力だと見つけたり」（字あまり）

byモヨコ

宮島への旅……。それは私にとって**サザエさんのオープニング**[※1]で有名な日本三景の名勝を初めて直接見る!! という観光の旅でもあり、歌舞伎界の若きプリンス**市川新之助さま**[※2]の舞台を観に行くという観劇の旅でもあり、「美人画報スペシャル」の取材というお仕事旅行でもありました。

つーかナゼ『美人画報』で宮島なのか？ というハナシですよね。どう考えても、私を含む編集部の人間が行きたかっただけじゃないのか？ という疑問が読者のみなさんの頭を去来することでしょう。ええ、まったくその通りです。ホントにごめんよ。

しかし、それが思わぬ新しい「美」の発見と考察につなが

モヨコのギャルギャル
KEYWORDS
※1 サザエさんのオープニングで..
ここまで言ってもピンと来ない人
（いるのか…？）海の中に
鳥居があるトコロです!!
お！
※2
市川新之助
えれーいい男
です。
美しい…
※3 メンバーが…
大人数だな…
編集その1
へんしゅーちょー
その2
新担当宇治さん
細い
最近関係各位から
恋愛問題を心配されて
「大きなお世話だ!!」と
叫ぶまんが家安野
私の知ってる人
だけでも
4.5人の
追っかけ
が…。
これだけ
人を熱狂
させるのは
まぎれも
なく
スタア!!!
踊りにも気迫があって
とても素晴らしかったです。
※4 お母上
はお前の席に座って
いたのでツイツイ
目がいってしまいました
こっそり観察されるから
気が抜けないでしょうね。
せんすなども
ゆっくりあおぐ
ので涼しげ
普通の人
すごく
早い→
うるさい
バタバタ
あじ〜

っていくのが今回の『美人画報』なのです。

まず、**メンバー**[※3]**が**ちょっと普通と違います。私と新担当の宇治さん、VOCEの編集長並河さん、単行本『美人画報』の担当安武さん、前担当の小林さん。

そして、ここが普通とちと違うとこで、小林嫁も同行して計6人（編集長と小林夫妻は自費参加）。

「どーなの!?」羽田でフライトまでゴハンを食べながら安武さんと私。メニューはビールとカツ定のライス抜き、というこれ以上ないオヤジチョイス。今回もいつもの通りもちろん徹夜明けです。そして生中を飲みながら、くだをまく私。

だって、嫁が……かわいーんだもの!! なんとゆうか女の子らしい服装。旅なのにワンピースさ!! そして、おもちゃみたいなサンダルで、完全に「彼、もしくはダンナが守ってくれるからできる無防備なファッション」。

一方、私たちは、と言えば自分を自分で守る、気概満々《きがいまんまん》の仕事魂全開ファッションです（早い話が全員パンツ！）。

で、どちらが美しいか、と言えば優劣をつけることじゃない。ないのはわかっているし、もちろん、仕事でシャキンとしたファッションのみんなも素敵なのですが。素直な気持ちで私は小林嫁の服装が、女子としてかわいらしかったと思うのでございます。

飛行機に乗ったらビールが効いて爆睡《ばくすい》。短時間の深い睡眠で広島に着く頃にはすっかり元気を回復していた私。これも働く女の生きる道、とサングラスをかければ南国の日射しは強く肌を焼くのでありました。

そのまま広島空港から、バスで宮島行きのフェリー乗り場に向かいます。

船で島に近づいていく時のながめは素晴らしく、頭の中ではサザエさんが、フェリーから巨大な頭を出して宮島の前を通過している姿が浮かびます。本当は浮かべてる場合ではない。こうして間抜けなことを考えているあいだにも、嫁は美しく海をながめているのに。

いつも思うことですが、「美」とは自分への集中力。常に自分の心が自分自身に集中していることなのではないか。

私を例にあげると、ここですでに小林嫁の「美」に気をとられているのでダメです。そして、小林嫁は私から1ポイント奪取。美のうわぬりです。

この扇子も大活躍してます。

※5 中村鴈治郎さん
←こちらが本来の姿
團十郎さんが主役の「船弁慶」も素晴らしかった。
※6 昼間の食事　やっぱりカキ!!
食事の後向かいの小洒落たみやげ屋で全員うちわや扇子を買いました。(後に大カツヤク)
と編集長と色ちがい
店のオリジナルらしい。
古着物のハギレで作ったストラップとか和風のアロマキャンドルとかカワイーものが沢山あった。
「津田屋」さんです。
と桜の香り
もみじ、あやめ、うめの香りのキャンドルが超気に入ってしまいました。
※7 月を愛でながら寝酒
やめられません!! しかもコワイ話付き…。
あー美しー
あ〜ウマい〜
だら〜
※8 ヘアエッセンス
メイドイン広島
愛用中です。
「泥ブロ」はお湯が多すぎた為か思ったより何でもなかった。
とりよせたパック「タラサ志摩」で買った「海の泥ヘアパック」すご〜く良かった。ツヤツヤになるのだ
トロ〜りって書いてあるのに…

このヘアエッセンス!! 先日渋谷で発見して大ヨロコビ。
もちろん即購入「海草ヘアエッセンス」。
シャンプー後ぬるだけなのもカンタンで好き

＊歌舞伎と自然の融合に圧巻！　しかし注目すべきは新之助母!!

そして舞台が始まりました。今回、新之助さまは相変わらず美しさサクレツしておりましたが、私が注目してしまったのは、彼の**お母上**[※4]です。お客様を入り口で迎えている最中から涼しげな笑顔。

当日はすごい猛暑で、お客は全員汗だく。もちろん私などは、おそろしいほど汗をかいて、メイクも消え失せるくらいです。

この時気づいたのは、暑いからと言って肩や腕を丸出しのファッションは、見る者の目には暑苦しいということでした。

こんな時涼しいのは、白い麻のパリッとしたシャツや、うすもの着物です。そして、それがなぜ美しいかと言えばこれもやはり「見る者」の目を考えているからです。小林嫁のファッションも同じですね。

私たちは「仕事」という頭でいるために、自分の楽さのみをテーマに服をチョイスしております。

もちろん、そこには自分の好みや、流行を追う女心も加味されてはいますが、「常に自分を見てくれる男」の目はほとんど入っていなかった……。

なんてことを思いながらも美しい宮島の風景をバックに舞台は佳境へ。

折しも演目は傾城道成寺《けいせいどうじょうじ》。多分近くでお会いしたらまごうかたなきおっさん（失礼）[5]**中村鴈治郎《なかむらがんじろう》さん**が化粧と仕草、表情で本当に美しい女性に見えてしまうのは、いつもながら本当に役者さんてスゴいなぁと思う瞬間です。

そうよ！　女も演技力が必要よ。日が暮れて蛾《が》が舞い飛ぶ頃になると月も出て、一層幽玄《ゆうげん》な美しさが……。

この世で一番美しいのはやっぱり自然なのかも。とか美についてまとまりのないことをぼんやり思いつつ終劇。

新之助母は最後まで姿勢くずれず、でした。当然なのだろうけど美しいことです。

その夜はホテルに帰って[7]**月を愛《め》でながら寝酒**。美容に悪いこととは思いながらも、広島限定の「お好みやき味ポテトチップ」をつまみに話題は[6]**昼間の食事**のことへ……。宮島のかきがたくさんある定食屋に入ったＶＯＣＥ一行。

またしても生ビールを飲み、焼きがきにかきフライなどを食べた上で、かき丼やかき定をさらに食べる私たちの横で、ウーロン茶を飲みながら、静かにざるうどんを美しく食べる小林嫁。もう自然に選ぶものが違う!!　違いますぎる!! どうしてここに来てざるうどんのみで平気なのか。その差は何なのか!?

*旅先で要チェック!! は地元産〝美のアイテム〟

わからないまま売店で買った「泥ブロ」ひきしめ&しっとり入浴剤を入れた湯船につかって眠りにつきました。

その他、売店では広島産海草**ヘアエッセンス**[※8]なるモノも購入。「究極の!!」とか書いてあるとツイ買ってしまう私。

旅に行くと、入浴剤とかそういうモノを買ってすぐ試して気に入らなかったら置いて帰る。良かったら帰ってからも使う。旅行時は、新製品お試しタイムでもあるのでした。

で、今回のエッセンスはかなり良く、持ち帰って使い続けているのですが、問題は東京で買えないというコトかも。

前も地方で買ったヘアパックがあまりに良くて、帰ってきてから直接製造元へ問い合わせて取りよせたのはいいけど、すんごい時間と手間がかかってしまい大変でした。

髪はそんな感じでＯＫ、の次の日。私のファッションは、いちおう持ってきておいたギャルバージョンに変更になったのは言うまでもなく。ええ、ハッキリ言って**嫁**[※9]**をイシキして**のことです。

しかし、嫁はそんな私はどこ吹く風の、さわやかな若妻ワンピース。２日ともワンピースだ!!

しかも、そのあと向かった**広**[※10]**島市でショッピング**中にワンピースに似合うお花つきサンダルを発見、購入、着用です。かわいすぎるぜ!! 嫁に欲しい!! どうだ俺の嫁にならないか。

もう、完全にこっちが男に変わってしまうほどの女子力です。対抗イシキはもうすっかり失ってしまい、「かわいいよ!! そのサンダル」と、店員でもないのにセールストークをくり出す始末です。

ジルにてラインストーンのチェーンベルトを購入。
パラビオンにてトランプモチーフのブレスも買いまちた
ヨメが「PARCO」のマーク・ジェイコブスで買ったイエローのぺたんこミュールもかわいかった。

ワンピース
※9 嫁をイシキして
意識しても どーにもならんのだが
旅行に友達と行っても
他の子が ものスゴかわいー
かっこしてると「ああ…もっと
かわいー服 もってくればよかった」
とか思いません?
女ってやつぁ……
※10 広島市でショッピング
「パラビオン」「エリオポール」「ジル・スチュアート」などで
買いまくりの一行。
コレかわいいわ!!
そぅ
へんしゅーちょーもスカート購入。
あたしが買った
リゾートっぽい
巻きスカート。
今も着用しています。
お気に入りよ
※11 地元の名産品
味もスゴいが
色もかなり濃厚です。
すっぽんはちみつ
手づくり感いっぱいのレモン果汁とか。
レモン
かなりおいしいと見た!!けど
要冷蔵なので断念。
古代黒米
←コレも体によい!!
これもおいしそーだよ!!
そんなに持ち帰れないって…
さけ とか
つーか まずそう…
すでに一杯

コレは案の定味の濃さ、すっぽん本体入り
という存在の濃さに負けて続かなかった。

ま、私もスカートと、東京で買いそびれたジルのベルトを購入しましたが。その他、**地元の名産品**[※11]を取り扱うショップにて、内側から美に効きそーなモノを購入。

特に気になるのが、「すっぽんはちみつ漬」という叶姉妹も目をひからせそうな濃厚な一品。プラセンタドリンクにも似たその風味は、かなり効果を期待させます。ただ気持ち的に続けられるのか!?　というのがネックです。

その点続けられそうなのが、おなじみの「どくだみ茶」「よもぎ茶」。東京よりも非常にすぐれた点をあげると、1袋150円というオドロキの安価です。こうあるべきでしょ!!

美容は、継続によって成り立つもんです。アホみたいに高いモノじゃ、いくら良くっても続けられません。

＊「旅と嫁」に教わる美のあり方

そんな気ままなショッピングをくり広げているウチに、お昼になったので広島市から車で1時間半くらいの「**安芸の小京都、竹原**[※12]」と呼ばれている竹原市へ。

ここへの道中も本当に田んぼの緑が美しくて心が洗われました。心が洗われると、顔も美しくなるので思うまま洗われて、竹原市に到着。

するとここも気を失いそうに美しい街並み。白いしっくいのかべに、日射しに黒々と光り輝くかわら屋根。たてかけられた日よけのよしず。日本の本来の街並みはこうも美しいのかと、古都を訪れるたびに思う気持ちがまたしてもこみあげます。

もー絶対に日本家屋を建てる!! それも日本建築のスイを極めたる!! と男らしく決意。

蔵を改造した広島お好み焼きのお店でお昼をいただき、昨日のかきに続いて広島の味を堪能。

この日もまた炎天下。一行は汗だくになりながらも、街を一望できるお寺に登り、風に吹かれながら涼みました。

あれだけ日々、そして昨日も美しくあること、人の目を考えた美しさ、女らしさについて考えぬいているにもかかわらず、街を眼下に見おろして、向こうに瀬戸内海をのぞむ、その寺の舞台から私が叫んだのは「世界を征服してやるー」という野望なのであった。

※12「安芸の小京都 竹原」
本当は尾道に行こうとしていたのに
時間が足りずに近いので竹原へ。
ですが‥ すごーく良かった!!!
観光ズレしてないし時間がゆっくり
流れる感じ。
山寺
その割には黒いことを言う
世界を征服すっぞ!

そして、風に吹かれる女性編集者3名、と、渡り廊下で小津映画のような空間を作っている若夫婦。異様。何もかも異様。

にもかかわらず、明るい日射しと古い街並み。海からの心地良い風で、久々に夏休みの子供みたいな気持ちになって、気分はものすごくスッキリです。旅はいいなぁ。なんていう言葉が自然に口から出ます。

そう、旅は良い。今回の旅で良かったことは、「旅には動きやすい服装で」というのは嘘だとわかったことです。

旅では「男の人に守ってもらえる服装で」が正しい。というか旅に限らず、生活のどのシーンにおいてもその基準は結局美しいのです。

あと、暑い時にロシュツしまくった姿は、さらに暑苦しいのでやめたほうが良いということ

バーミックスは本当に便利。
ブロッコリーのスープや、にんじんとトマトのジュースなど食生活がイキナリヘルシーに。

※13 バーミックス
フードスライサー。入れものに直接つっこんで使えるところがすぐれている。
何より楽しいよ
お肉をミンチにしたりもモチロン上手
ガー!!
にんじんスープ制作中
ごまペーストも作れます♡
帰りの飛行機で嫁と私は「VOCE」に載っている情報の実せん報告のよーなコトに…。
「青山ヒフ科クリニック」私も行ってます!!
いつかは着物で歌舞伎を観に行きたい!!
その際はわりと玄人さんぽいかんじにカッコよくいきたいモノです。
着物ってすごくコンサバになっちゃうので。
粋な着物ってどこで売ってるの??教えてー

も学びました。

総合して、やっぱり他人からの目を意識するのが一番の近道だと確信しました。

そして帰りの飛行機で小林嫁と席が隣り合った私は、「美」についてかなりの情報力と実行力を持つ嫁にまたしても心をうばわれました。もううばわれっぱなしです。嫁にすすめられた調理器具「**バーミックス**」[※13]は帰ってからすぐに買ってしまいそして納得です。

料理をいかに手ぎわよく美しくするか。あと片づけを早く、はすなわち自分のお手入れ時間が増えることにつながります。

そして、私が今こっているのは、広島で買ったヘアエッセンスをつけてパックしたままバーミックスで作った野菜のスープを飲むことです。コレがまたオイルを使わなくてもクリーミー。今の季節なら冷蔵庫でつめたくして冷製スープにしてもグー。

美しい食事は美しい生活を、美しい生活は美しい心と体をつくることは、もうみなさんも死ぬほどわかっていらっしゃると思います。

ええ、私もそうです。けどまたしても日々の仕事に追われてなだれのよーに崩れた生活をしていました。今回はそのエリを正す旅!! はじめこそただ単に「歌舞伎観てぇー」ではじまりましたが、帰ってくる頃にはまた「美しい生活」への野望が……。世界征服の野望とどっちが強いのか、がモンダイなのですが。明日も頑張るぞ!!

2000.10

Fashion
Design
Designer

トレンド＊ラブ＊スタイル

Trend Love Style

プラセンタ、イオンマスク……etc.
「効いてる！」超個人ブーム。
次は分子構造模型だ!?

こんにちはみなさん！　この『美人画報ハイパー』に第1弾があるのはご存知ですか？　知らなかった人は「今知った！」と一言叫んでから本屋へGO！

　知ってたけど、別にVOCE毎月読んでたし、いいやと思って買ってなかった人は、連載の第1回目を思い出してみて、思い出せなかったら本屋へGO！　どっちにしても本屋へGO！

※3 スマーティー
エヘ
男子に対してどんな言いワケをすればいいのか…。
な…なにしてんだ?!

　すでに持っている、という方には、作者から「感謝の念」を送らせていただく（それだけか）。いや、ゼヒみなさんに……と思って（急にトーンダウン。自分のとこしえの金欲を

モヨコのギャルギャル
KEYWORDS
一瞬 なつかしの「だんごろ兄弟」の本と間違える。（間違えない）オビのラベンダーは2000年のラッキーカラー!! 黄色い本は金運にも!! と、Dr.コパに便乗するワタシ…。でも、ギャル度100pUPは間違いないですヨ!!
美人画報
※1 プラセンタドリンク
はっきり言ってマズい…
ブホッ
イッキのみして味のこいモノでまぎらわす。
1本 ¥1500
※2 タブレット
こっちに入ってるのは牛の胎盤。ドリンクを毎日飲まなくてもコレで充分というウワサも。
プラセン 2000
こっちは味ナシ。
※4 イオンマスク
ビミー
こわい…。
プラセンタドリンクも、パックもボディ・フリーク 03(5420)6200で買えます!!

最近「飲む」系では、女性ホルモンと同じ働き（?）の「プエラリア」（恵比寿三越にて購入）を飲んでいます。心なしか飲んだ口は胸がいつもより大きいかも……。あと、ローズカプセルっていうやつ。「飲む香水」（海外通販などで購入できるらしい。いただきもののため詳細は不明）コレは気分的に美しい感じ。1～2ヵ月毎日飲んでると、バラの香りが体からするようになるらしいのですが、忘れちゃって。

感じてぐったり）。それとはまったく関係なく、今回はここ最近超限定私&周辺でハヤっているものを紹介しつつ、次にハヤりそうなものは何か？　予想したいと思います。てゆーか、本当に超個人的なものなのでよろしく。

まずは、去年話題になっていた「**プラセンタ**[※1]」の入ったドリンク!!　私は最初**タブレット**[※2]を飲んでいたのですが、あまりにも常に疲労しているので、「もっと……もっと効くやつをくれねーかお姉チャン！」とすがったトコロ出てきたのがコレ。味は、ショーユとみりんとカツオだしのよーでかなりキビシイが、はっきり言って飲んだ次の日の肌は白くてツルツルでハリもあるし、つまりはまあ〝超効く〟ってコトだ。

10代の時朝起きると、スッキリと疲れのとれた肌になってませんでした？今や朝でもバリバリ疲れた肌で起きている人におすすめ。「そうだよね！朝ってこーゆう肌だったよね!!」という感激はひとしお。

注射はちょっと……と思っている人も気軽にトライできるし。今、私のハマリ率が高いモノのひとつ。体も元気になるし。

体が元気、と言えば「**スマーティー**[※3]」というメカも体が元気になります。某誌の巻末の広告で見たことある人もいるかと思いますが、カマボコ形の家庭用サウナみたいなやつ。サウナとは違うんだけど……遠赤外線（だったかな?）で体の芯から温度を高めて毒素を出す、というモノなんだけど、コレがかなり気持ちいいのです。

1時間も入ってると汗が滝のよーに出て痩身効果もあるらしいが、当然おハダもスッキリ!!　体を温めることが美容と健康にどれだけ有効かあらためて実感。ただし……場所をとる上に部屋の中にあった時の「なんじゃコレ!?」感は否めません。ハッキリ言って高いし……分割は出来ますが。でもコレは「それでも!!」という気合の入った人にはおすすめできます。効果うんぬんより気持ちいいコトはまちがいなしなので。

最近はコレに入ったあと、シャワー浴びてプラセンタ飲んでから「[※4]**イオンマスク**」をするというのが、私個人のハヤリです。

このマスクも、ぬるとすぐ乾いて顔が「ギュッ」とひきしまるスグレもの。そのひきしまった顔は、ストッキング強盗に近いものがありますが、1～2時間そのまま過ごしてから落とすとまたしてもお肌はツルツル。くり返し使っていくことで、小顔化もはかれるという夢のよーなパック。それにしても、オッサンぽいラインですね。なんかこー美に向けてチカラ技!!　みたいな。

ラッシュは入浴剤もいいよネ。

私はバラのやつがスキ。

「森林浴」っていうのもよく使います。


そんな自分に嫌けがさした時は友達にもらった「オーラオイル[※5]」で気持ちにうるおいを与えてみる。なんかコレは直接体につけないで、体のまわりに

※5 オーラ オイル
「ホリス青山」で買えます。
←中にいろいろハーブらしきものが入っている
「オーラ」につけてる様子はまたしても言い訳できない! あやしさ!
ラブ
あたし…どんどんやばいキャラに
なってない?!
※6 自由ヶ丘の「ラッシュ」(RUSH)
いろんなせっけんが買えるお店。今年の夏頃 南南東で大ブームに。
天使の微笑み(だったかな…?)というクレイ洗顔料が、すっごくよかった。
ヨーグルトにフルーツというケーキのようなパックも売っています
ラベンダーのシャンプーバーも愛用しています。
※7 手作りせっけん♡
元ネタは 前田京子サンの「お風呂の愉しみ」
薬品用のブルーの小びんに歯ミガキを入れて小さなスプーンですくって使うの♡
↑ハンズで￥40のスプーン
バラを入れたりハチミツを入れたり…作る作業だけでもすっごく楽しくて美しくなりそうよ♡♡♡
※8 分子構造模型
←こんなの…。
く…くみたててぇ〜〜…
理科室にあったよネ
↑だれか何とか言ってやってくれ

今、流行っているのは「粉せっけんシャンプー」

(東急ハンズ、ロフトなどで購入できます)。粉せっけんなの。頭皮がすごいスッキリして気持ちいい。

その後、サンナホルという高いリンス効果のあるシャンプーでリンス洗いして終わり。調子いいです。

あるオーラにつけるものらしく、「そーじゃないのよ!!　気持ちのモンダイなのよ!!」の「気持ち」の部分に効くと見た。私はコレの「LOVE」(……)をもらったので、気持ちにラブが足りない時つけるようにしてます。とってもいい香りで私は好き。他にも「ヒーリング」とか「マネー」とかあるらしい。つけて、気分が変わるだけでも「効いてる」と判定したい。

もうひとつ、ギャルいハヤリと言えば「**手作りせっけん**」[※7]。ウチのアシちゃん・せっけんマスターのナミちゃんが火つけ役なのですが、**自由が丘の**[※0]「**ラッシュ**」で自然派せっけんの味をしめた私たちは、ツイに自分たちで作ることに。けっこうカンタンだし。で、体にも絶対いいし。環境にも。

とりあえず、手はじめに歯ミガキから作ろうということで、ハンズに材料やら入れる小びんなどを買いに行きました。実験材料のところでカワイイびんを買って、小さなシルバーのさじですくって使うのです。ああギャルい!!

しかし、私はそこで発見した「**分子構造模型**」[※8]が気になって気になって……。次のブームは分子!!(なんじゃそら!)

2000.3

* column *

モヨコのお買い物日記

渋谷の アメリカンラグシーで
超カワイイ シガレットケースとライターを発見!!
ピストル型の
ライターも
ラインストーン付なら
ラブリー♡
せっかく禁煙
していたのに コレを
買ってしまったので
吸わないわけには…… いや〜ん!!
アメリカのお色気アホガールに
なりきって 持ちたい!!
こーゆうバッグに →
たばこと 口紅だけ入れて
おサイフは もちろん 男の子
…だといいんだけど…

2000.4

'80sファッションの禁じ手・王道、その迷い道

'80s完全定着。どうです？　皆さん取り入れてますか'80s。

3ヵ月くらい前は、ちょっと腰をひけつつ自分にムチを打つようにして、**サッシュベルト**[※1]とかラグランスリーブ買ったものですが（やっぱ一度自分がリアルタイムで体験したモノのリバイバルって、抵抗あるものだね）、私の中では、スッカリ定着しました。

やれないのは「水玉ソックスでパンプス」とかの〝歩間違えると〟系。

で、今回はオトナになった今、どうやって'80sを取り入れるか。コレをテーマに頑張りたいと思います。

なんでかというと、今年のこの流行はほぼ10年ぶりに、去年までの全アイテムがイッキに使えなくなるおそれがあり、困っている20代後半から30代の働くオンナが多いように思うからです。

去年までって、2～3年着ているシャツもカットソーもそうそう形変わらないから、**定番**[※2]**だけで**着回しても、そんなに

流行ハズしてる感じがしないで済んでましたよね。

ところがどーです今年!!　イキナリトップもボトムもモデルチェンジ。ボトムはまぁスリムでも押さえとけば無難ですが、トップは完全にラインが違う。

あとはベルト使い、色ともに去年までの定番アイテムではカバーできません。まさに抜本的改革が行われてしまったのです。新アイテムの必要度は例年にくらべて4割増!!（南南東調べ）

さて、そこで何を買えば良いか。これが発売されている頃には「今さら言われても!」と言われることカ

※2 定番だけで…
なんとかしてたし本当に
いや…このラインは無くなんないと思うし基本ではあると思うんだケド
なぜかこーゆうスタイルのままの人を見かけると20世紀っぽい…と思うんだよね
このラインと80'Sのミクスチャーはほとんどムリだしのう…。
クラス感の味方 エルメスベルト

MOYOCO'S KEYWORDS

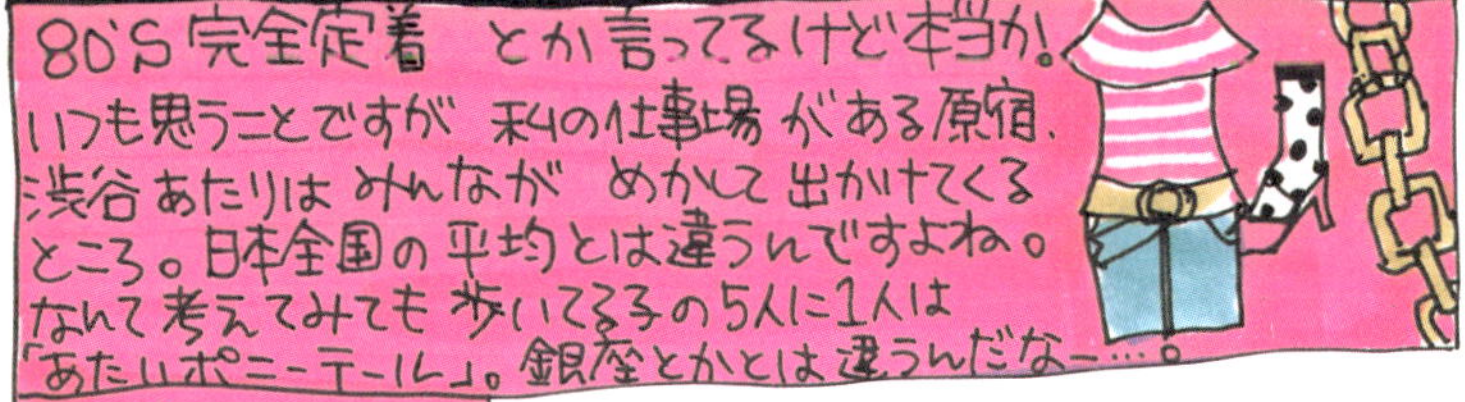
80'S完全定着 とか言ってるけど本当か！
いつも思うことですが 私の仕事場がある原宿、渋谷あたりはみんなが めかして出かけてくるところ。日本全国の平均とは違うんですよね。なんて考えてみても 歩いてる子の5人に1人は「あたいポニーテール」。銀座とかとは違うんだなー…。

クゴで提案したいと思います。

まず、ギャルたちのあいだにおける'80s流行りでの**マストアイテム**※3をいくつかあげると、①ワンショルダー②チューブトップ③ギャザー入りTシャツ④ゴールド（もしくはシルバー）サンダル

※1 サッシュベルト
買ったものの 今となっては「買わなくてもよかったかも…」と思ってます。
意外と使えねー
これ1本で「クラス感」は台ナシに！

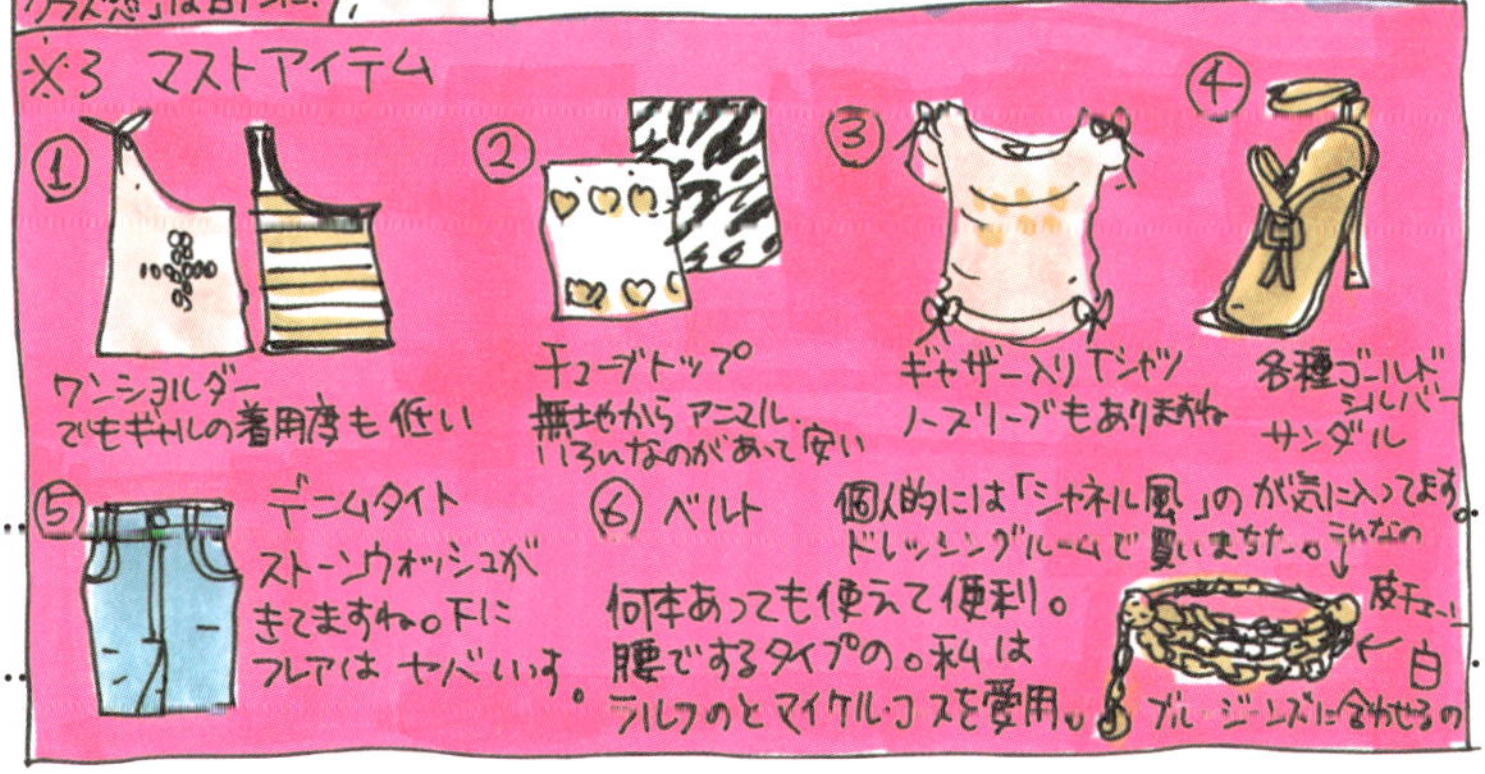
※3 マストアイテム
①
ワンショルダー でもギャルの着用度も低い
②
チューブトップ 無地からアニマル、いろんなのがあって安い
③
ギャザー入りTシャツ ノースリーブもありますね
④
各種ゴールド・シルバー サンダル
⑤ デニムタイト
ストーンウォッシュがきてますね。下にフレアはヤバいす。
⑥ ベルト
個人的には「シャネル風」のが気に入ってます。ドレッシングルームで買いました。こんなの
何本あっても使えて便利。腰でするタイプの。私はラルフのとマイケル・コースを愛用。
皮チェーン
白
ブルージーンズに合わせるの

新宿とか行くとまた違うんだよねー。渋谷と原宿でもビミョーに違うしね。'80sってこの本がでる頃には終わってんじゃないの？どうなんでしょうか。

⑤デニムのタイトスカート⑥ベルトなどがあります。
まずオトナとして禁止なのはどれでしょうか？

ハイ。①と②ですね。

25以上でコレを着た時のアバズレ感といったらありません。スレンダーで少しボーイッシュな人は例外として、普通のオトナの女（中肉中背髪はセミロングからロング）が着た瞬間に赤線地帯が発生します。ロシュッには気をつけましょう。

ここで選ぶべきは③。しかも妙なロゴやラメのプリントはさけて、素材が上質なモノを選びましょう。ギリギリOKなのは、ラインストーンが入っているものぐらいでしょうか。色味も白！　もしくはベージュ、薄ピンク、黒ぐらいにとどめて、どーしてもパッキリさせたい時は赤か黄ぐらいで。フューシャピンクやエメラルドグリーンはキケンです。

何が危険かというと、先ほどもいったようにどんな人の「アバズレ感」も引き出してしまうカラーだからです。

'80ｓが難しいのは常にその一点。仕事をしていく上でのマイナス要素は限りなく大きい。ゆえに取り入れるのに躊躇してしまうでしょう。

ベージュ系のパンツにシャツ、みたいなファッションで何が悪いのよ、と思いつつちょっと乗り遅れてるような居心地の悪さを覚えているOLさんを見かけるたびに「トップスをボートネック（白）にするだけでいいのよ！」と耳元でささやきたくなる大きなお世話の私。

ゴメン。そーゆう関係ないシンプルファッションを否定するツモリはないのですが、ある程度流行を取り入れるのは大切かと。

そこで「私はこのスタイル！」って決めてしまうのは、オシャレ上級者と老化、のギリギリライン。

ラインのこっち側か、あっち側かを決定するのは適度さ、だと思うんだよネー。

で、今年はあまりにも激しいモデルチェンジだったために、そのラインをハッキリさせざるを得ない状況がうまれてしまったワケです。

それで、アイテムの話にもどりますが④のゴールドサンダルについては、ギャルのしぶちかオバちゃんサンダルと一線を画さねばなりません。

なぜならもう若くないからです。チープがカワイイのはギャルだから。ここはひとつ、キバッてグッチやプラダで。

私が買った'80sアイテム
夏が終わりそーな時点でゼブラチューブトップはやはり使わなかったです。

私が買った80'Sアイテム
うしろもVネック
シャーリングのシャツ
肩が2枚に別れているTシャツ
ゴールドでうっすら花のイラストが
この2点は「インターミックス」で買いました。
肩出しのピッタリニット。かなりセクシー系なのでボトムはストレートのデニムなどで押える
チューブトップはゼブラを…。禁止しておきながら買ってしまいました。
「ジューシーフルーツ」のブルージーンズ
コレに白チェーンベルトを合わせてトップも白で!!
「FREE'S SHOP」で
これがあたいのポニーテールだ
あたいを誰だと思って

そして、⑤と⑥については一言でいうと、「ラメはやめとけ!!」。私も自分にラメのものは禁止しました。

あとついでにヘアスタイルでいうと「あたいポニーテール」もやめといたほうがブナンでしょう。

このよーに禁止事項が多い大人の'80sですが、適度に取り入れつつ乗りこなしてく感じは、サーフィンに似てスリリング!! くれぐれもハズさないように気をつけたいモノでやんす。

2001.8

肩出しのピッタリニットは、この秋にも活躍しそうで楽しみです。

プラスチックorベルトや他のアイテムと合わせる
カラーも久々にどブラックもいいような気分
← デカイヤリング
◀あたしはこっち派 後期80's
白とかうすピンク
ラインストーンのピアスとか光モノ沢山つける
マドンナばりのブルージーンズにゴールドチェーン
「腰ベルト」と「ボートネック」が大人のマスト!!
ヒップハングのデニムやパンツはスタイルに自信ある人のみ頑張ってくれ!
ベルトはバックルのデカいものが
失敗しないかも。
今決めたけどあたしは基本(MY基本ベージュとブラウン)と黒、ピンク、白しか買いません!
カンタン80's 黒ずくめ + ベルト & アクセ 色はカーキかゴールドもしくは白で統一
白シャネル (もってない)
決めないとキリないんだよナ〜…

しかし、ヒップハングのパンツじゃない普通のパンツで腰ベルトすると、前に下がっていってボタンとか見え出すから、気を付けないと。よく見る。自分もそういう日があって「やばい」と思い気を付けました。

女30歳にしてどこへ行く!?
「大人の女」像に迫る

30歳になったらバーキンを買う!! というのが、いつの頃からか目標だった私。

なぜそう思ったかは不明ですが、多分漠然と「大人のイメージ」でそう考えていたのでしょう。バカですね。

30歳を大人と考えるのも、バーキン持ってりゃ大人と思うのも大間違い。

その証拠に私、**もう1ヵ月ほどで30歳**[※1]になりますが、心身ともに子供らしさで一杯です。

そんなわけで今回は30歳目前記念、私の考える「大人の女」像にせまってみたいと思います。

身近なところで「大人の女」と言うと、私の中のイメージでは**萬田久子とか樋口可南子**[※2]。両者共に自分の生活ペースを持ちつつ、ストイックすぎない生活を送って美しさも維持しているとこが大人。いかにも水泳しそうだしね。

かといって、菜食主義でジャンクフードは一切食べずに酒も飲まない、と言うほどのやりすぎ感はなく。「自分に楽な

MOYOCO'S KEYWORD
※1 もう2ケ月ほどで30才
3月26日生れの私…。去年誕生日を入力すると
ホロスコープとバイオリズムが書かれた手帳を
プレゼントにいただいた。しかし「結婚運は悪い」
とか「恋愛続かず」などろくでもないことしか書いてなかった…。
DIARY
捨てたよ。
※2 まんだとひぐち
昔も今も大人の女
←それにしてもまた似てなくてすいません。
写真みてかけよ…
ヘアスタイルにしても
ファッションにしても
「ジャスト流行」モノ
では無くて基本スタイル
に、シーズンごとに
テイストをとり入れてく
かんじ。
※3 やっぱ健康
食生活もジャンク大スキから
ヘルシー粗食路線へ
カップめん
ポテト
チョコ
玄米
みそシル
粗食っつってもこっちの方が高いけど…
酒もビール、ワインから
しょーちゅーお湯わり
梅干し入り
朝の1服から
タバコ
禁煙!!!
1杯のミネラルウォーターへ
へ…ヘルシーすぎる…
連載も
「長寿通信」とかやりだしたりして。
VOCE
びじんかいほう
うそです。
健康
1円玉で治った!!
パンスト健康
壮快
そのうち仙人になってしまう…
でも体はラクなんだよね〜ホントに。
※4「自分スタイル」気味悪いコトバですけどね。「私流」とか。
この冬、去年あたりのも
今年のもズドンとしたラインの
スカートをイッキにリフォーム
してミニめのタイトにしました。
生地とか気に入ってるモノだし
スソの広がったヒザ下
スカートは私はあまり
似合わない。それに
やぼったくてセクシーじゃ
ない。いくら流行でも
キライだと結局はかないし。
足が太く見えても
ハヤってるから着る、
がカワイイのは
ハタチだけでは??
今年のトレンドとも違うラインだけど、スタイルよく見える方がいいの

この前舞台の「大人計画」を
観にいったら、樋口さんが
となりのとなりに……。
激美でしたよ……。ホントに。
何歳!? 細くて白くてビックリ。

生活してるのが美容法」とでも言いたげな肩の力の抜けっぷり。憎いほど大人の女です。憎い!! 憎んでみてもはじまらないので、とりあえず学ぶとす

ると、「生活が健康な感じのする美しさ」「精神的ストレスの発散法を知っているので、いつでも心が穏やか」（あくまでイメージですが）。

やっぱ健康[※3]でしょ。徹夜で仕事して、そのまま飲み行って爆睡、なんてゆう暴力がまかり通るのは20代まで。

そして、そんな暴力的生活の果てに、どいつもこいつもバカヤロウ!! 頼れるのは自分だけ!! などという気持ちになりつつ、精神神経科に通院して自律神経失調症と闘う、なんてことブツブツ友人に語って許されるのも、20代まで。

やっぱ大人の女たるもの「**自分スタイル**[※4]」のファッション、インテリア、食生活などはもちろんのこと、ストレス発散法や精神生活での「自分しかわからない自分のケア」を身につけて、ある日突然ぶっ倒れるようなことは避けたいものです。

じゃあ、具体的にはどうしたらいいのか? 結局仕事しすぎになるのも、初期段階でストレスの小さい芽を放置しとくから。毎日すこしずつ育って、さらに仕事に逃避→そのうちまわりが見えなくなる→仕事仕事→そんな自分の状況すら気づかずある日発狂→旅に出る。

だから、大人の女は田舎のプチホテルで、ぜーたくな休日を楽しんだりすることになるんだよ!!　落ちついて考えろ!!　どうみても淋しいんだよ。あたしはそんな30代はイヤです。

なので日々ストレスを発散しつつ、ためない訓練も積む。思ったことはその場で言う、とかね。

まーそれでも、生きていて仕事もしてればストレスがないわけないので、最近発見した簡単な（しかも原始的な）方法は「**パンチ!!**」[※5]。ソファやふとん、クッションなどを「これでもか!!」つーくらいなぐる。もちろん彼氏や友人が見たら引くぐらい狂暴に。コレは、ヒーラーの人にすすめられてやってみたんだけど、ビックリするくらいすっきりします。問題は何も解決しないんだけどね。

でも、スッキリすることがどれだけ大切か!!　表面的にはおだやかな、大人の女が家でクッションを乱れ打ち!!　なんていうのも面白いしね。まー面白くなくていいんですけどね。

で、ストレスがある程度解消されてくると、心も平穏なので狂暴性の高い食物（ジャンクフード、ファーストフード等）にも自然と手が出なくなるの

やっぱ「若い」ってなんだかんだ言って重要なものではある。「負け惜しみ」
になっている人とかいるもんね。「若いだけじゃダメ」とか言いすぎて。
逆に若いコに憧れられるというのが最近の私の目標&テーマですね。

※5 パンチ!!
ボスボス
てめ
このやろう!!
5.6分もやっていると だんだん面白くなってきて最終的には大笑い。
きゅはははは
バフ
バフ
※6 体もクリーンに…
クリアになっていく時は自然と体にいいことしかしたくなくなるんだよね〜
なんか運動したいナ〜
ええ?!
どうしたの?!
※7「肩のチカラ抜けて自然体」
30代と言えばこのフレーズ…。
憧れるけど本当にそーなるのか?
ホントなのかよ!!!
どいつもこいつも同じことを…
おしゃれざっし
大人のオンナと言えば「1人でできる」ってイメージもあるけど
私は常に誰かに必要とされる(ぐらいにってイミで)やさしい人ってのも理想です。
「やさしさ」もビミョーなもんだいだし…。
自分なりのラインを作るのも必要ってことか。
あと「オシャレ命」すぎない。
もーいいっちゅーの。服は。
「必死で服を買いあさってる女」は美しくないぞ!
代官山にいっぱいいる。
しかもみんなと同じコーディネート…。
イテテ
ガーッ

ではないか（だいたいあたしは、ストレスまみれな時ほどWチーズバーガーとか食べてる気がするし）。そうすると、また自然と**体もクリーンに**[※6]なってお肌などもクリア、体調がいいから「ジムにでも行こうかしら？」などと寝言のようなことまで言い出して、最終的には「最近仕事が楽しくて仕方ないの、これってやっぱり**肩のチカラ抜けて自然体**[※7]でいられるようになったせい？　体調もすごくいいんだよネー」とかインタビューでほざくよーになったりして……。キャー!!　恐い!!

　でも状況としては憧れる。そんな憧れの30代目指して、とりあえずクッションなぐったり雪だるまに雪玉ぶつけたり、誕生日で禁止にするジャンクフードを食いだめしたりしている最近の私！　はたして本当に大人の女になれるのか!?

2000.4

* column *

モヨコのお買い物日記

友人の結婚祝いを買いました。
中国茶のセット
← 白いおちょこにしてみたらシックでカワイイ!!
表参道の「アニヴェルセル」にて。
ここの雑貨はカワイくてスキ♡
こんな白い花ビンがあった。ポンポンダリアを沢山いけたりしたい!!
食器って1度買うとずっとそれを使い続けてしまうから、じっくり選びたい。
とか思ってるとなかなか思い切れず食器の少ない家に…。それはウチ!!
そんな私がめずらしく思いきって買ったものの「使えねえ食器!」
それは去年 香港で ひと目ぼれした ラクロワの ティーセット。
ゴールド×ピンク
カワイー!!
食器はシンプルが1番ね。
派手すぎて…。
何も載せられない。それとも使っちゃいけないのか…。
あなどれないギャル服屋!!
今年しか着なそうなバカ服は「109」で!! もしくは「Rose bud」で!!
プッチのワンピとかかわいいけどさー
1回着たらインパクト大だし
よく見れば生地のクオリティがちがうのわかっちゃうけどよく見なきゃわかんないし。
エゴイストとかセシルマクビーで買うトップに
スカートはEPOCAで。とか。
大人だからこそ流行アイテムをハイ・ブランドで買うべきなのか?
Rose budで見付けたキャミ。下にデニムでバッチリよ。
でも→ こんなカットの服 今年くらいしか…。
いや…あたしはRose budもMORGANも大スキなんすけど
2、3アイテムまぜるのがちょうどいいのでは?

2000.4

マダムな男とカワイイ男。
やすらぎ系ビューネ君はどこに？

すっかり秋ですね。ラブの季節です。舞い散る枯れ葉の中、ラブい男と手をつなぎくるくるとまわりたい!! 自分たちがまわっているのか、枯れ葉がこがらしに舞い上がっているのかわからない状態で、イキを切らしながらキス……。キャー！ ステキー。

しかし、気づけば枯れ葉もまだ落ちていない外苑前を、元気いっぱい散歩している28歳。それが私です。やきいも大好きです（コーヒーとね。ムフ）。

さて今回は、ラブい季節を共に過ごしたいラブい男。ラブくて**マダムな男**[※1]とは!? について考えたいと思います。

まーマダムな男ってゆうのは例えば「**イタリアに一緒に行ける男**[※2]」。

ただのツアーでちんたら歩くのは論外。飛行機のチケットを取って、ホテルも自分で予約。レストランもお気に入りのところがいくつかある。そんなボクちんのことです。

コモ湖に行ったら、ボートをこいでくれてどこまで行くのかと思ったら「友達の別荘」がそこにあるから行って驚かせようとする茶目っ気のある彼！
　まー実際にいたらかなりうさんくさいし、金銭トラブルを抱えてるに違いな

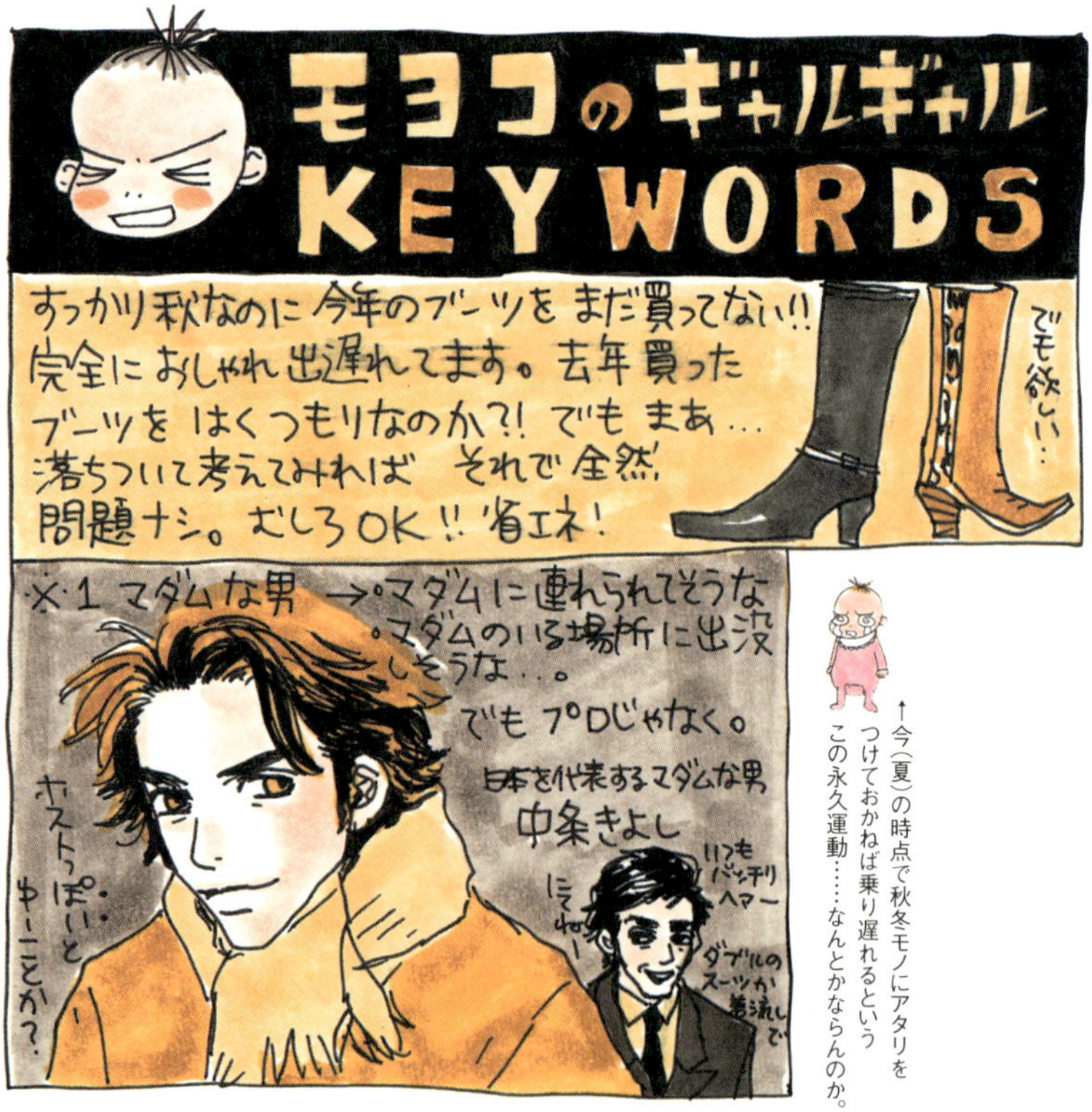

モヨコのギャルギャル
KEY WORDS
すっかり秋なのに今年のブーツをまだ買ってない!! 完全におしゃれ出遅れてます。去年買ったブーツをはくつもりなのか?! でもまあ… 落ちついて考えてみれば それで全然問題ナシ。むしろOK!! 省エネ!
でも欲しい…
※1 マダムな男 →・マダムに連れられてそうな。・マダムのいる場所に出没しそうな…。
でもプロじゃなく。
日本を代表するマダムな男
中条きよし
いつもバッチリヘアー
にこやかー
ダブルのスーツが着流しで
ホストっぽいとかーことか?

↑今（夏）の時点で秋冬モノにアタリをつけておかねば乗り遅れるというこの永久運動……なんとかならんのか。

いって感じですが、今私たちに必要なのは、こーゆう人なのではないか!?「私たち」がダメならハッキリ言って「私」でも良し。うう。

※2「イタリアに一緒に行ける」これを基準に!!
イタリアンの中でも貧相に見えない日本の男とは?
いるのかってそんな奴
胸いた厚い
オドオド

でも、最近やっている「薬用[※3]ビューネ」のCM。あれがそんな風潮をまさに切りとってると思うのです。

あの「ビューネくん」ってゆーのは仕事も当然してない……っつーかビューネが仕事か。そ

※3 薬用ビューネのCM。
ビューネくん欲しさにビューネを買ってしまいそーな自分!! 思うツボだ!!
あ〜疲れたしムカつくし最悪〜
大丈夫… オレがここにいてるから
うちにも1本!!
いや1人!!!

最近人気の藤木クン（対談させていただいた）。
本人はいたってさわやかな人でした。

んでもあくまで「俺がいるだろ」という少し上の態度。働く女が、顔ボロボロにして得た給料がないと彼は購入してもらえない。

それにもかかわらず、彼女に対する包み込むような優しさ。あれこそまさにラブい男。男というか化粧水。そうか！　今必要なのは化粧水なのか!!（違う）

だいたい、自分も働いて疲れてるのに、**働いて疲れた男を癒せますか？**[※4]彼だってやすらぎが欲しい。けれど、自分もやすらぎたい。

お互い癒し合えばベストだけど、疲れてる時人はわがままになるもの。

ラブい男は、そんな時に何も言わずラブいセリフ連発。星空の下でキス。寒かったらうしろから抱っこ。**あたたかくてホッとする飲み物**[※5]を作ってくれて……。

「ウチの彼は、そういうカンジだけどみなさんは違うんですか？」

という方もいることでしょう。そういう人は黙ってて下さい。ええ、部屋から出ていってもらってもかまいません。

とにかく今、ラブい男の需要度はＵＰ中です。

しかし、ただ単に「カワイイ男」とはまた違う。今はカワイイ男の子は急増中ですが、ラブい男はそんなにいないのではないか？　というのが私の推測です。とにかく探していくしかありません。もしくは育てるか（↑こーゆう発言をしてしまうようではラブい男需要度80％以上と言えましょう）。

そこで、やすらぎ系人間ビューネ男の目やすですが、まず恋愛集中力が高いということがあげられます。

常に、ラブなことの占める割合が人よりちと高め。仕事に邁進しちゃってて、ラブ＆女には自分のオフの時そっとそばにいて欲しいと思っている男（これは〝女〟と〝男〟を置き換えればアーラ不思議、自分になってしまいますね）ではダメです。

常にラブとか楽しいことのほうが多めに占めるとゆうことは、当然仕事はそんなにできない。もしくはできるけどしない（こっちのほうがいいですね）。そんな感じが良いでしょう。

先月から、私がギャーギャー言っている映画『エリザベス』に出てくる女王の愛人ロバート・ダドリー（ジョセフ・ファインズ）は、まさにそんな感じ。やっぱり女王陛下ともなると、人間ビューネなしではやってらんないっつーか、普通に仕事してる私たちとはくらベモノにならないほどのストレス

※4 男を癒せますか?
どっかで聞いたのですが
女性は自然や植物、動物
から"気"をもらって自分の中
に貯めることができるのに
男性は女性から
もらうしかナイんだって
自分で作れないらしい…。
なんなのよアンタは
ズル〜
やすらぎをくれ〜〜
※5 あったかい飲み物
ホットレモネードとか
ブランデー入りミルクとか
男に作ってもらいてぇ〜
ラブくてマダムな男♥
「エリザベス」ではどう考えてもジェフリー・ラッシュ演じるウォルシンガムの方がカッコよくてエエ男なのだが、ラブさで言ったらダントツに強いジョセフ・ファインズ。とにかく「恋愛」向き。
デビッド・カッパーフィールド
ゆるくてユーモア(…)にあふれいつでも自分は「女性ズキ」というポジションが徹底していて素晴らしい。
女の子ってゆうだけで幸せ♡
ただのファン。
ジョセフ…大スキ♡
というかただのアホ…。
そんなにみつめないでハズカシイ!!
ハズカしいのはお前だ!!!

この頃の私のジョセフブームは大変でした。
しかし……もう冷めて、はや2年ぐらい?
今でもスキだけど……。なんでこう熱しやすく冷めやすいのか。

とか重圧があるからね。要素としては恋とセックスと楽しいこと、みたいな男の人が必要だったのでしょう。

そして、その男を演じるジョセフ・ファインズに私も夢中!! とにかくラブに突進してくるような彼の瞳。まさに恋愛集中力のかたまりです。

その証拠に、机の前に彼の写真を貼っておくだけで、ラブい気持ちになってしまいドキドキします。

え? それは単なるファン? ……まー確かにそうとも言うけどさー。

とにかく、今時代はラブい男を求めてるってコト!! え? 〝時代〟じゃなくてお前がだろう? ……まー確かにそうとも言えるけどさー。

1999.12

あとがき

この『美人画報』もあっという間に2冊目。マジでびっくり。

連載は3年。そのあいだには、本当にいろんなことがありました。やせたり太ったり。別れたりくっついたり。人生いろいろです。

思えばもともとは「キレイになろう」とか考えたことのない人間だった私。平均的だったからのん気なものです。

それが漫画家として忙しくなった24歳の頃、太って激変したのです。この連載をはじめた頃にはスッカリ自分と「キレイ」を切り離して考えるようになっていました。つーか「ブスでいい」ぐらいに思うようになっていました。

仕事は楽しく、自信もついて来た頃でした。逆に言うと、仕事できてりゃ文句ねぇだろ!! というおそろしい人になっていました。

そんなおそろしい人の私を、おそろしい事態がおそったのは、マックスに太った年の冬。男性誌のパーティーに行った時のことです。

マンガというのは、過酷な商売。男性作家のみなさんも、編集さんたちもこんな時くらいカワイーお姉ちゃんと話したいわけです。

仕事はちゃんとやってたつもりでも、美しくなければまったく価値を持たない世界へ

* after words *

丸腰で飛び込んでしまった私はガク然としました。誰も相手にしてくれない。

ここでは、マンガ描けても何の武器にもなりゃしないんだ……あきらかにキャバ嬢(19)のほうが私よりも上!! なぜならカワイイから!!

もちろん、日常にもどればそこだけが基準になるわけじゃありません。

でも、その時そういう世界があること、そこでは今までやってた仕事より、女子力のほうが重要であることに気づいたのが、そのあとの美容道へのスタートになったことはまちがいありません。女子は仕事できてもキレイじゃなければ駄目なんです!!

それ以来、この連載にも本気で取り組み努力の日々。今も信念は変わりません。女子は仕事はできてもできなくてもいい。キレイなほうがいい。

それにしても、そんなことに気づけたのはすべてこの連載のおかげ、支えて下さった編集さんたちのおかげとしか言いようがありません。小林さん、宇治さん、寺田さんと担当さんは替わりましたが皆様に感謝しています。単行本化に当たっては前回に引きつづき安武さん、VOCE編集部のみなさんにも感謝です。

叶姉妹にも会えたし。著者近影なんて叶姉妹のコスプレと言っても過言ではないでしょう。

そして、いつも感想や美容情報を送って下さる美しい読者の皆様、これからも共に美容の道は女道! 歩んでいきましょう。

二〇〇一年　安野　モヨコ

* colophon *

安野モヨコ
あんの・もよこ

1971年、東京都生まれ。高校3年生の時にデビュー。

以後『ジェリー イン ザ メリィゴーラウンド』『ジェリービーンズ』(宝島社)、『ツンドラ ブルーアイス』(集英社)、

『ハッピー・マニア』(祥伝社)、『花とみつばち』(講談社)など、数々のヒット作を生み出す。

締め切りに追われながらも、日々の美容に手抜きは見せない。

イラストなどにも見られるそのセンスのよさは、女性のファッションリーダー的存在。


本書は「VOCE」連載「美人画報」1999年12月号から2001年7月号までを加筆訂正し、まとめたものです。

コラム「モヨコのお買い物日記」はインターネットサイト"girlsgate.com"にて
連載された「お買い物日記」2000年2月～5月までのものをまとめたものです。

(企画制作 株式会社イー・ゲート/株式会社インディビジオ)girlsgate.com(www.girlsgate.com)

ファッション・ビューティーの情報や商品が満載。掲載オススメアイテムが、クリック一つでショッピング出来る女性向けおしゃれショッピングサイト。

JASRAC 出0110389-101

美人画報
ハイパー

2001年9月20日　第1刷発行
2001年12月6日　第6刷発行

著者
安野モヨコ

発行者
野間佐和子

発行所
株式会社 講談社
〒112-8001 東京都文京区音羽2-12-21
電話/編集03-5395-3469 販売03-5395-3622 業務03-5395-3615

装画・本文イラスト
安野モヨコ

ブックデザイン
鈴木成一デザイン室

印刷所
大日本印刷株式会社

製本所
株式会社若林製本工場

定価はカバーに表示してあります。

落丁本、乱丁本は小社書籍業務部宛にお送りください。送料小社負担にてお取り替え致します。

なおこの本についてのお問い合わせは、VOCE編集部宛にお願い致します。

ISBN4-06-210899-2　(ヴォーチェ)